5 Kauf abgeschlossen

Erst wenn der Verifizierungsprozess durch das Netzwerk erfolgt ist, wird die Transaktion abgeschlossen. Die digitale Zahlenreihe als Gegenwert des Geldes wird dem Empfänger gutgeschrieben.

Die Transaktion wird verschlüsselt in ein öffentliches Buchungssystem eingetragen (Blockchain), und ein komplexer kryptografischer Verifizierungsprozess beginnt. So wird sichergestellt, dass die Währungseinheiten nicht zwei mal ausgegeben werden können.

3 Orientierung im Darknet

Im Darknet funktioniert Google nicht, die Suchmaschinen heissen etwa DuckDuckGo, Torch, Grams oder Not Evil.

Bitcoins kann man auf Online-plattformen kaufen, einige Banken führen selber solche Börsen.

4 Transaktion auslösen

Um eine Zahlung auszulösen, benötigt man die Bitcoin-Adresse des Geldempfängers.

Grams

D1618596

.onion

Tor

Darknet

Otto Hostettler

DARKNET

Die Schattenwelt des Internets

NZZ **LIBRO**   Frankfurter Allgemeine Buch

Bibliografische Information der Deutschen Nationalbibliothek

Die Deutsche Nationalbibliothek verzeichnet diese Publikation
in der Deutschen Nationalbibliografie; detaillierte bibliografische Daten
sind im Internet über http://dnb.d-nb.de abrufbar.

2. Auflage 2017
© 2017 NZZ Libro, Neue Zürcher Zeitung AG, Zürich

Lektorat: Karin Schneuwly, Text Praxis, Zürich
Umschlag: TGG Hafen Senn Stieger, St. Gallen
Gestaltung, Satz: Gaby Michel, Hamburg
Druck, Einband: CPI books GmbH, Leck

ISBN 978-3-03810-257-1
www.nzz-libro.ch
NZZ Libro ist ein Imprint der Neuen Zürcher Zeitung.

Lizenzausgabe für Deutschland und Österreich:
Frankfurter Allgemeine Buch
Frankfurter Societäts-Medien GmbH
Frankenallee 71–81
D-60327 Frankfurt am Main
Geschäftsführung: Oliver Rohloff
ISBN 978-3-95601-201-3
www.fazbuch.ch

MIX
Papier aus verantwor-
tungsvollen Quellen
FSC
www.fsc.org   FSC® C083411

Inhaltsverzeichnis

Vorwort

Der Begriff «Darknet» taucht immer mal wieder in den Medien auf. In letzter Zeit gerade im Zusammenhang mit schweren Straftaten. Als gewichtiges Beispiel ist die Amoktat in München von Juli 2016 zu nennen. Der Täter soll seine Waffe im Darknet bezogen haben. Das Darknet wird aber auch bei illegalen Drogen- und Medikamentenbezügen oder der Verbreitung von kinderpornografischen Inhalten erwähnt. Prominent diskutiert wurde auch der Fall Maximilian S. («Shiny Flakes»), der in Deutschland im November 2015 verurteilt wurde – wegen Handel mit Betäubungsmitteln via Darknet.

Als Strafverteidiger und Konsulent von Unternehmen stelle ich fest, dass es für eine erfolgreiche Mandatsausübung essenziell ist, aktuelle gesellschaftliche und technische Entwicklungen zu kennen. Gerade im Bereich des Internets ist dies von besonderer Relevanz. Auf dem Gebiet Cybercrime hat in den letzten Jahren vor allem die Entwicklung im Bereich Datendiebstahl für Schlagzeilen gesorgt. Die Strafverfolgungsbehörden mussten darauf reagieren. Es galt, diese neuere Erscheinungsform zu erfassen und Methodik und Prozesse daran anzupassen. Eine neue Herausforderung ist nun das Darknet; dessen Inhalt und Funktionsweise ist für viele Personen schlichtweg nicht fassbar und lediglich ein dunkler Fleck auf der Landkarte. Dies gilt nicht nur für den durchschnittlichen Internetnutzer, sondern teilweise auch für Strafverfolger.

So bemerkten Technikexperten, dass diesbezüglich bei Staatsanwälten die Kluft zwischen dem erforderlichen und tatsächlichen Wissen immer grösser wird. Auf verhältnismässig kostenintensive Weiterbildungen wird bei Behörden vermehrt verzichtet. Es besteht zwar das Bewusstsein um die zunehmende Wichtigkeit des Darknets als Mittel zu kriminellen Handlungen. Dennoch übersteigen damit zusammenhängende Strafverfahren häufig die Kapazitäten und Möglichkeiten der Behörden. Aus Sicht der Strafverfolger kommen erschwerend die tatsächlichen Umstände hinzu, die im Bereich der Internetkriminalität ohnehin existieren. Dazu gehören die Anonymisierung von Spuren, verschlüsselte Kommunikationsmöglichkeiten, internationale Zahlungsströme und Kryptowährungen. Entscheidend ist aber auch die Qualifikation der Ermittler und Staatsanwälte. Die Folge ist eine verzögerte Reaktion auf Straftaten, die gerade mittels Darknet begangen werden. Wenn solche Taten überhaupt erkannt werden.

Nun schildert Otto Hostettler im vorliegenden Buch *Darknet – die Schattenwelt des Internets* eindrücklich und faktenbasiert den Mechanismus und die Wirkungsweise des Darknets. Herausragend macht dieses Werk, dass der Autor monatelang eigenständige Feldforschungen im Darknet tätigte und Anbieter und Kenner der Branche dazu interviewte. Er ging der Materie auf den Grund. Auch fühlte er Behördenexponenten auf den Zahn. Er legt seine Erkenntnisse schonungslos offen und zeigt Möglichkeiten und Grenzen der Strafverfolger. Die Ergebnisse seiner Ermittlungen stützt er breit ab. In diesem Sinne ist das vorliegende Werk ein einzigartiger Beitrag zur Aufklärung über Umfang und Hintergründe des Darknets.

Schätzungen zufolge ist die Zahl der Internetseiten, die Google *nicht* findet, x-fach grösser als jene Anzahl Seiten, die von der Suchmaschine gefunden werden. Viele nehmen diese riesige, teils gar nicht sichtbare Welt des Internets – und damit auch das Darknet – als rechtsfreien Raum wahr. Doch die Gesetze gelten auch dort. Faktisch stehen Ermittler aber bei der Durchsetzung der Gesetze vor den erwähnten Problemen. Diese Schwachstellen im Dispositiv der Behörden werden ausgenutzt. Deshalb ist es wichtig zu wissen, was das Darknet beinhaltet und welche Bedeutung dieses anonyme Netzwerk für die Entwicklung der

Kriminalität hat. Die Gesellschaft kann sich diesem Thema nicht verschliessen, sondern sollte die Herausforderungen dieser «Schattenwelt des Internets» breit diskutieren. Das vorliegende Werk bietet eine hervorragende Grundlage dazu, öffnet die Augen und lässt aufhorchen. Besten Dank dem Autor für die höchst interessante und anregende Arbeit.

Cornel Borbély

Dr. iur. Cornel Borbély; Rechtsanwalt,
Dozent für Wirtschaftsstrafrecht und Strafprozessrecht

1

Darknet, Cybercrime und Ermittler-PR: Einleitung

Wenn es am Morgen hell wird, macht er Feierabend. Dann hat er alle Cannabis-Bestellungen abgearbeitet. Das Kraut abgewogen, in Plastikbeutel verschweisst, in DVD-Hüllen gelegt, in luftgepolsterte Kuverts verpackt, adressiert und frankiert. Das Ende eines ganz normalen Arbeitstags im Leben von «Edelweiss», einem Schweizer Ende 30, der im grossen Stil Cannabis anbaut und vertreibt – über das Internet. Genauer gesagt: über das sogenannte Darknet. Nicht einmal sein nahes Umfeld weiss von seinem Online-Drogenhandel. Tagsüber reist «Edelweiss» per Zug mit einer Tasche voller Kuverts durch die Schweiz und gibt sie, um seine Spuren zu verwischen, auf allen möglichen Poststellen auf. Routiniert und unauffällig.

«Edelweiss» handelt nicht alleine. Ein Kumpel pflegt den «Garten», die Indoor-Hanfplantage. Ein anderer Kollege übernimmt Sonderaufgaben. Er zapfte den Strom vom öffentlichen Netz und installierte einen neuen Hausanschluss. Der massive Energiebedarf der Anlage wäre sonst dem lokalen Elektrizitätswerk aufgefallen, und die Polizei hätte dem Treiben vermutlich längst ein Ende gesetzt. Doch «Edelweiss» überliess nichts dem Zufall. Er selber, der gelegentlich wieder in der Gastronomie arbeitet, ist für den Verkauf und den Vertrieb der Hanfblüten zuständig. Und so wachsen in einem Keller an einem geheimen Ort in der Schweiz um die 2000 Pflanzen dem künstlichen Licht entgegen. Pro Erntezyklus gewinnen «Edelweiss» und sein «Gärtner» zehn Kilo Marihuana.

Bis vor einem Jahr verkaufte er das selbst gezogene Kraut ausschliesslich direkt an Freunde und Arbeitskollegen. Jetzt hat er einen neuen Absatzkanal gefunden: die anonymen Shops im Darknet. Noch immer

vertreibt er zwar den grössten Teil seines Krauts persönlich an seine
Freunde, wie früher. Doch im Netz wartet eine neue Käuferschaft. Re-
gional, national, international. Diese Kunden sind anonym, aber sie bezahlen zuverlässig. Gleich bei der Bestellung. Ist die Lieferung erfolgt,
geben viele von ihnen eine Bewertung für seinen Service ab. Und man-
che machen damit Werbung für die nächsten Käufer. Innerhalb von etwas mehr als einem Jahr verarbeitete er ziemlich genau 1000 Bestellungen. Und erreichte einen Umsatz von gut 100 000 Franken. Es hätte gut
und gern noch etwas mehr werden können. Aber letzten Herbst ist eine
ganze Ernte ausgefallen, weil der «Garten» ein Wochenende lang keinen
Strom hatte. Bauarbeiter hatten auf der Strasse vor dem Gebäude irr-
tümlicherweise die Stromleitung zertrennt. «Edelweiss» konnte nicht
einfach das Elektrizitätswerk anrufen. Berufsrisiko eines Drogenhändlers (s. a. Kapitel 10, S. 135).

«Edelweiss» ist Teil eines Phänomens: des Darknets. Innerhalb weniger Jahre ist dort eine schier grenzenlose Parallelwirtschaft entstanden.
Um diese verborgene Seite des Internets geht es in diesem Buch. Fast
zwei Jahre lang war ich selber im Darknet unterwegs, habe neun anonyme Marktplätze beobachtet, analysiert und bin selber als Käufer aktiv
geworden. Meine Erkenntnisse sind zuerst in die Abschlussarbeit für
den Masterlehrgang Economie Crime Investigation (MAS ECI) an der
Hochschule Luzern geflossen und danach in journalistische Texte, die
bei der Schweizer Zeitschrift *Beobachter* publiziert wurden. Ich habe
mich auf den Handel mit pharmazeutischen Produkten fokussiert, nicht
zuletzt aufgrund der Tatsache, dass heute bei der Bekämpfung der Produktepiraterie im Bereich der Medikamente oft von fast unglaublichen
Gewinnmargen die Rede ist. Um die Abläufe dieser Verkaufsplattfor-
men zu verstehen und nachzuvollziehen und um erfahren zu können,
wie die Zahlungsabläufe und die Kommunikation unter anonymen Ge-
schäftspartnern im Detail funktionieren, habe ich diverse Produkte bestellt. Um nicht selber mit dem Gesetz in Konflikt zu geraten, wurden

diese Käufe wissenschaftlich begleitet und die Produkte bei einem Notar registriert, aufbewahrt und schließlich vernichtet. Das vorliegende Buch will das Phänomen dieser anonymen Marktplätze erklären und die Dimension sowie die gesellschaftliche Bedeutung aufzeigen. Gleichzeitig soll es vor Augen führen, wie sich diese Handelsplätze auf die Entwicklung der Kriminalität auswirken und inwieweit Ermittlungsbehörden das Ausmass und die Tragweite dieser Entwicklung unterschätzen.

Das Fazit dieser Recherchen: Im Darknet bietet eine rapid wachsende Zahl Händler einer weltweiten Kundschaft eine schier unglaubliche Palette von illegalen Waren und Dienstleistungen aller Art an. Ihre Onlineshops sind so geschickt gebaut wie Amazon, Zalando oder E-Bay. Um auf diese Marktplätze zu gelangen, bedarf es keinerlei technischer Vorkenntnisse. Das Einzige, was man wissen muss: Sie können mit herkömmlichen Browsern wie Firefox, Chrome oder Safari nicht erreicht werden. Nötig ist ein sogenannter TOR-Browser (TOR: The Onion Router), der – legal – die eigenen Spuren im Internet verwischt. Statt «.ch» oder «.com» tragen die Seiten im Darknet die Endung «.onion» in Anlehnung an die zwiebelartige Verschlüsselung der Daten, die mit dem TOR-Browser durchs Internet geschickt werden (s. Kapitel 2, S. 31). Die Onlineshops im Darknet haben auch keine einprägsamen Bezeichnungen, sie gleichen einer willkürlichen Aneinanderreihung von Buchstaben, Zahlen und Sonderzeichen – und wechseln oft. Käufer benötigen einfach den richtigen Link, um auf diese Onlineshops zu gelangen. Die Links sind auf einschlägigen Seiten im offenen Internet für jedermann zugänglich.

Seit nach dem Amoklauf im Münchner Olympia-Einkaufszentrum im Sommer 2016 bekannt wurde, dass der Täter seine Waffe im Darknet gekauft hatte, taucht der Begriff plötzlich vermehrt in den Medien auf. Dabei wird die Schattenwelt des Internets mit seinen anonymen Marktplätzen geradezu mystifiziert und als geheimnisumwitterte Welt beschrieben. Das ging so weit, dass in verschiedenen Medien – fälsch-

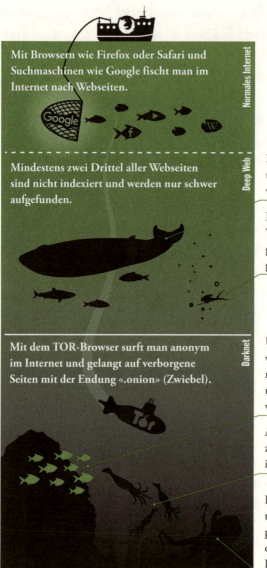

Mit Browsern wie Firefox oder Safari und Suchmaschinen wie Google fischt man im Internet nach Webseiten.

Normales Internet

Mindestens zwei Drittel aller Webseiten sind nicht indexiert und werden nur schwer aufgefunden.

Deep Web

Datenbanken und Bibliotheken sind oft durch Passwörter geschützt.

Nicht mehr aktuelle Webseiten können nur mit gezielter Google-Suche gefunden werden.

Mit dem TOR-Browser surft man anonym im Internet und gelangt auf verborgene Seiten mit der Endung «.onion» (Zwiebel).

Darknet

Um ihren Standort zu verschleiern, nutzen Regierungskritiker, Journalisten und andere «Hidden Services» (Blogs, E-Mails, etc).

Auf anonymen Marktplätzen gibt es im grossen Stil illegale Produkte.

In anderen Darknets tauschen sich auch politische Fanatiker aus, oder es wird mit illegaler Pornografie gehandelt.

Grafik 1: Wo ist das Darknet?

Wenn man das Internet mit einem Meer vergleicht, bewegen wir uns mit Google, Facebook und Co. nur an der Oberfläche.

licherweise – sogar dann von Darknet die Rede war, wenn sich Kriminelle auf dubiosen oder etwas versteckten Seiten im normalen, sogenannten visible (sichtbaren) Internet tummeln. Solche Fälle haben jedoch nichts mit dem Darknet zu tun, es handelt sich oft um alltägliche kriminelle Vorfälle, in denen das Internet als Tatwerkzeug benutzt wird. Etwa wenn auf fernöstlichen Webseiten gestohlene Waren oder Potenzpillen angeboten werden. Unter dem Begriff Cybercrime versteht man hingegen all die Delikte, bei denen mithilfe des Internets Schranken von Computern überwunden werden, also vom Passwortklau bis zum Hackerangriff auf eine Firma. Kaum ein Tag vergeht heute, an dem nicht publik wird, dass eine Bank oder ein internationaler Konzern von einem Hackerangriff betroffen ist.

Doch was ist eigentlich das normale Internet? Und wo liegt das Darknet? Unter dem Begriff «Internet» versteht man alle online gestellten Inhalte. Derzeit gibt es gemäss dem statistischen Online-Auswertungsdienst Internetlivestats rund eine Milliarde Webseiten. Allerdings ist mit Suchmaschinen nur ein Teil dieser im Netz aufgeschalteten Webseiten auffindbar. Der Grund liegt möglicherweise darin, dass Webseiten erst kurze Zeit online sind, die Internetadresse (URL) gewechselt hat oder die Adresse von Robots blockiert wird.[1] Die Schätzungen, wie viele Seiten von Google und anderen Suchmaschinen nicht aufgefunden werden, liegen weit auseinander.

Fachleute sind sich aber einig, dass der allergrösste Teil der weltweit ins Netz gestellten Seiten mit einer Google-Suche gar nicht erst gefunden wird. Dieser Bereich wird «Deep Web» oder «Invisible Web» genannt. Der ehemalige Leiter des Europol-Kompetenzzentrums Cybercrime (EC3) Troels Oerting schätzte bei einer internationalen Ermittlertagung, dass nur gerade 4 Prozent aller existierenden Webseiten von Suchmaschinen indexiert und damit für die gesamte Öffentlichkeit sichtbar sind. Anders gesagt: 96 Prozent aller Internetseiten liegen gemäss dieser Beurteilung im Deep Web. Der niederländische Journalist und Recherchetrainer mit Schwerpunkt Internet/Social Media, Henk Van Ess, kommt zu einem etwas anderen Schluss. Er schätzt, dass Google immerhin etwa 35 Prozent aller Webseiten indexiert. Die anderen 65 Prozent liegen gemäss Van Ess im Bereich des Deep Web. Davon finden sich je ein Drittel in sozialen Netzwerken sowie im versteckten Web («Hidden Web»). Das restliche Drittel sind laut Van Ess im Internet verlorene Inhalte («Lost Web»).

Henk Van Ess ist überzeugt, dass Inhalte im nicht sichtbaren Web nicht a priori gleichzusetzen sind mit problematischen Inhalten oder dubiosen Angeboten. Tatsächlich gibt es eine nicht abschätzbare Zahl Internetangebote, die sich beispielsweise hinter einer Passwortschranke befinden – und nur schon deshalb von Google nicht gefunden werden. In diesen Bereich fallen etwa Bibliotheken, Datenbanken oder Mitgliederbereiche. Van Ess rechnet dem Deep Web auch Webseiten zu, die «lost» sind, also verloren. Darunter versteht er nicht mehr verlinkte Unterseiten («Subdomains») und Dateien, die aber weiterhin im Netz gespeichert sind. Letztere sind mit einer gezielten Google-Suche auffindbar. Dazu werden beispielsweise die Operatoren von Google systematisch eingesetzt.[2] Dieser auf den ersten Blick nicht sichtbare Bereich wird auch «Below the Surface» genannt.

Wo beginnt das Darknet?

Unter dem Begriff «Darknet» oder «Darkweb» versteht man primär sogenannte Hidden Services, die aufgrund der Struktur ihrer Domainnamen lediglich mit dem TOR-Browser auffindbar sind. Das Darknet kann damit als Teilmenge des Deep Web bezeichnet werden. In englischsprachigen Ländern ist auch der Begriff «Onionland» verbreitet, in Anlehnung an die Endung der Webangebote (.onion). Die Zwiebel symbolisiert beim TOR-Projekt die schichtartige Verschlüsselung (s. a. Kapitel 2, S. 31). Der Begriff «Hidden Web» wird oft als Synonym für

Deep Web verwendet. Doch mit «Hidden Services» sind jene verborgenen Webseiten gemeint, die mit herkömmlichen Browsern wie Firefox oder Safari nicht auffindbar sind. Ins Netz gestellt werden solche Webseiten über TOR. So können beispielsweise Systemkritiker, Menschenrechtsaktivisten und Whistleblower vollständig anonym Informationen verbreiten, mit TOR können sie ihren Standort gänzlich verschleiern. Die Seiten von Wikileaks beispielsweise waren ursprünglich nur über diesen Dienst erreichbar. Gleichzeitig ermöglicht TOR in Ländern mit eingeschränkter Internetnutzung den Zugang zu westlichen Informationen. Weil beispielsweise China die Webseite der *New York Times* bereits seit mehreren Jahren blockiert, können Bürgerrechtler nur dank TOR die Zeitung lesen.

Die anonymen Marktplätze im Darknet nutzen ebenfalls diese Hidden Services. Sie werden in Anlehnung an die Verschlüsselung auch als «Cryptomarkets» bezeichnet. Im englischen Sprachraum hat sich auch der Terminus der «Dark Markets» etabliert. Neben den anonymen Marktplätzen gibt es noch weitere dunkle Bereiche, andere Darknets.

Dazu zählen beispielsweise die verborgenen Seiten von The Free Network oder von I2P. Für beide Netzwerke benötigt man einen entsprechenden Browser, der – ähnlich wie TOR – die eigene Identität (IP-Adresse) verschleiert. Diese Netzwerke haben grosse Ähnlichkeiten mit dem TOR-Projekt. Es ist aber davon auszugehen, dass sie wesentlich kleiner sind. Auch die bereits seit Jahren aktiven Peer-to-Peer-Netzwerke (P2P) – also geschlossene, gegen aussen nicht einsehbare Kreise von Personen – sind eigentlich Darknets. Diese Netzwerke sind aber Nischenangebote geblieben, oftmals mit kriminellen Inhalten. Kreise mit speziellen Vorlieben tauschen hier etwa pornografisches und kinderpornografisches Material oder Waffen aus. Entsprechend stehen sie regelmässig im Fokus der Ermittler. Das Darknet ist nur ein Teil des Deep Web, das eine ganz andere Dimension hat. Dieser Teil des Netzes dürfte ein Vielfaches dessen umfassen, was heute einer breiten Öffentlichkeit bekannt ist. Es gibt Schätzungen, wonach das Deep Web etwa 500-mal grösser sein soll als das normale World Wide Web.

Seit das Internet existiert, wird es auch für kriminelle Zwecke genutzt. Vor lauter spektakulären Fällen geht heute vergessen, dass Betrüger im Netz längst Alltag sind. Sie verüben kleinere Delikte, indem sie beispielsweise über Versteigerungsplattformen wie E-Bay oder Ricardo ahnungslosen Kunden nicht existierende Produkte verkaufen und sie um ihr Geld prellen. Oder sie verschicken massenweise Werbe-E-Mails und bieten wertlose Produkte an, verkaufen fragwürdige Geldanlagen und hauen blauäugige Konsumenten übers Ohr (Spam). In all diesen Fällen bewegen sich die Täter aber im offen zugänglichen Internet. Für diese Art Delikte hat das Darknet aber ebenfalls eine wichtige Funktion. Die Täter können sich auf Onlineshops im Darknet Schadprogramme besorgen. Denn dort bieten nicht nur Leute wie «Edelweiss» Cannabis an, sondern Unbekannte verkaufen hier eine Vielzahl von Drogen, Waffen und IT-Dienstleistungen. Man muss nicht einmal besondere IT-Kenntnisse besitzen, jedermann kann sich dort für kriminelle Zwecke Informatikdienstleistungen besorgen. Man bezahlt beispielsweise einen Hacker, der für einen in das E-Mail-Konto einer Zielperson eindringt («Crime-as-a-Service»).

Oder die Täter kaufen im Darknet Programme, versenden damit Tausende von E-Mails und gaukeln Empfängern vor, sie seien ihr Finanzdienstleister und würden sie aus Sicherheitsgründen auffordern, ihr Bankkonto neu zu authentifizieren. Auch wenn hinlänglich bekannt ist, dass solche Phishing-Attacken nur zum Ziel haben, Benutzernamen und Passwörter abzugreifen, funktioniert dieser Trick bis heute. Wer gutgläubig handelt, wird auf eine Webseite geführt, die der eigenen Bank-Webseite zum Verwechseln ähnlich sieht, aber lediglich dazu dient, die Tastenkombinationen bei der Eingabe von vertraulichen Login-Angaben aufzuzeichnen.

Solche Cybercrime-Delikte sind heute alltäglich. Die Schweizerische

Koordinationsstelle für Internetkriminalität (Kobik) verzeichnet seit einigen Jahren mehr Meldungen zu Phishing, Hacking und Schadprogrammen als zu verbotener Pornografie, die jahrelang Nummer eins bei der Bekämpfung der Internetkriminalität war. Ein Cyberspezialist des Bundes sagt: «Beim Fedpol stellen wir eine Verschiebung fest: mehr Wirtschaftskriminalität, weniger Pädokriminalität. Jedenfalls was die Zahl der Meldungen ausmacht.» Das heisse aber nicht, dass es tatsächlich weniger Pädokriminalität gebe, sagt der Ermittler. «Denn für diese spielt gerade das Darknet eine wichtige Rolle.»

Massiv zugenommen hat in den letzten Jahren die Zahl der Hackerattacken mit konkreten erpresserischen Zielen. Die Tätergruppen sind international organisiert und gehen gezielt vor: Server von Unternehmen aus der Finanz- und Versicherungsbranche oder Firmen mit starker Onlinepräsenz (E-Commerce) werden mit automatisierten Massenanfragen – sogenannten Distributed Denial of Service (DDoS) lahmgelegt. Dieser erste Angriff dient ihnen als Demonstration, um den Unternehmen mögliche Schäden aufzuzeigen, die durch solche Angriffe möglich sind. Denn ist ein Onlineshop eines Unternehmens über Internet nicht mehr erreichbar, bedeutet dies einen unmittelbaren wirtschaftlichen Schaden. Nach dem ersten Angriff erpressen die Tätergruppen die Unternehmen und fordern Bitcoin im Wert von jeweils rund 10 000 Franken. Wird der Betrag nicht innerhalb einer gesetzten Frist bezahlt, folgt eine zweite, intensivere Attacke. Diese Erpressermethode wendete 2014 und 2015 die Gruppe an, die sich unter dem Namen Armada Collectiv bei Tausenden Betroffenen einen fragwürdigen Ruf erarbeitete. Auch die Tätergruppe mit der Bezeichnung «DD4BC» («Distributed Denail of Service for Bitcoin») agiert nach demselben Muster.

Der wirtschaftliche Schaden, der durch diese beiden Gruppen verursacht wird, dürfte weltweit im hohen dreistelligen Millionenbereich liegen, schätzt Carsten Meywirth, ehemaliger leitender Kriminaldirektor der Sonderkommission Cybercrime des Bundeskriminalamts Wiesbaden.[3] Doch im Dezember 2015 gelang den internationalen Polizeibehörden ein Coup: Ermittler der britischen Cybercrime-Behörde Metropolitan Police Cyber Crime Unit (MPCCU) identifizierten die Drahtzieher in Bosnien und Herzegowina. In einer koordinierten Aktion unter der Leitung von Österreich schlugen Ermittler aus Australien, Frankreich, Japan, Rumänien, USA und der Schweiz zu: Sie verhafteten neun Mitglieder der einschlägig bekannten Tätergruppe DD4BC. Seither ist es still geworden um diese Erpresser. Der Schweizer Nachrichtendienst beobachtete gemäss eigenen Angaben keine Angriffe mehr, die dem ursprünglichen Täterschema von DD4BC und Armada Collectiv entsprachen. Allerdings sind längst Nachfolgetäter in die Lücke gesprungen. Für Aufsehen sorgten 2016 Nachahmer, wie die auch in der Schweiz aktiven Tätergruppen RedDoor, NGR squad und Gladius. Einige wenden ähnliche Methoden wie DD4BC an und fordern Lösegeld, andere belassen es bei Erpressungsmails. Mitte 2016 trat unter dem Namen Kadyrovtsy eine neue Gruppe in Erscheinung. All diese Cyberkriminellen agieren ebenfalls im offenen Netz. Auf das Darknet stützen sie sich allenfalls, wenn sie sich selbst mit IT-Werkzeugen eindecken.

Weltweit richten Cyberkriminelle riesige Schäden an. Verschiedene Studien gehen alleine für Deutschland von 50 Milliarden Euro pro Jahr aus. Angriffe auf das Netzwerk von Unternehmen sind alltäglich geworden. Die Gratiszeitung *20 Minuten* beispielsweise wird nach eigenen Angaben täglich 20- bis 50-mal von Hackern angegriffen. Anfang 2016 war *20 Minuten* Ziel einer massiven Attacke. Unbekannte schafften es, ein Programm in eine Multimediadatei einzufügen. Wer daraufhin die Webseite der Gratiszeitung besuchte, wurde automatisch auf die Seite eines externen Anbieters weitergeleitet, worauf dem Internetnutzer ein Trojaner mit der Bezeichnung «Gozi» auf den Computer heruntergeladen wurde. Wenig später wurde Besuchern von *20 Minuten* ohne ihr Wissen die Schadsoftware «Bedep» heruntergeladen. Ähnliche Schadsoftware wurde bereits für Angriffe auf die Webseiten der *New York*

Times und der BBC verwendet. Solche Attacken werden «Drive-by-Download» genannt. Die Webportale von Tageszeitungen sind dafür geradezu prädestiniert. Inwiefern solche Trojaner und andere Schadprogramme bei Internetnutzern tatsächlich Schaden anrichten, ist nicht klar. Hingegen ist der Aufwand für Newsplattformen immens, sich nur schon gegen die alltäglichen Hackerattacken zu wehren.

Fragwürdige Ermittlungserfolge im Darknet

Die Nachfrage nach Schadprogrammen und Hackerdienstleistungen scheint nicht gebannt. Entstanden ist in den letzten Jahren eine regelrechte Underground Economy. Technikaffine Täter stellen global erreichbare Plattformen zur Verfügung und bieten Crime-as-a-Service-Dienstleistungen an. Diese Plattformen, meist als Marktplätze oder Foren organisiert, liegen entweder im offenen Internet oder eben im verborgenen Darknet. Gelingt den Ermittlern – wie Anfang 2016 – ein wichtiger Schlag gegen Cyberkriminelle, ist nicht immer klar, ob sich die Täter im Darknet oder eben doch im offenen Internet tummelten. Bei dieser international koordinierten Aktion konnten die Behörden zwei verdächtigte Haupttäter und sieben Hintermänner schnappen. Sie durchsuchten in mehreren Ländern 69 Wohnungen und Firmen.

Die verdächtigten Haupttäter sind zwei in Niedersachsen wohnhafte Brüder und offensichtlich wichtige Exponenten der Szene, ihre Verhaftung war ein Coup für die Behörden. Doch das Katz-und-Maus-Spiel zwischen Kriminellen und Ermittlern geht weiter. Nach jeder erfolgreichen Aktion sonnen sich die Ermittler im guten Licht, ihre Botschaft an die Unterwelt ist klar: Wir kriegen euch letztlich doch. Medien greifen solche aufsehenerregenden Fälle wie Anfang 2016 in Niedersachsen mit spektakulären Schlagzeilen auf. «Schlag gegen das Darknet», titeln Magazine und Zeitungen. Doch im vorliegenden Fall spielte das Darknet nur eine Nebenrolle. Alle von der Polizei stillgelegten Server waren Teil des offenen Internets, einige Seiten waren im Darknet lediglich gespiegelt aufgeschaltet. Das heisst, die Anbieter haben ihre Webseite unverändert auch im Darknet aufgeschaltet, aber vermutlich primär, um dort bei potenzieller Kundschaft Präsenz zu markieren. Über ihre Marktplätze und Foren im offenen Internet vertrieben die mutmasslichen Täter grosse Mengen Amphetamin, Kokain, Ecstasy, Haschisch, aber auch kriminelle Dienstleistungen auf Servicebasis (Crime-as-a-Service). Es scheint, als spiele es für die Polizei letztlich keine Rolle, wenn Medien aus den Underground-Economy-Geschichten Darknet-Mysterien zusammenschustern. Diese Unschärfe verunsichert letztlich potenzielle Darknet-Kunden, sie könnten plötzlich selber im Fokus der Ermittler stehen. Und jeder Schlag gegen Cyberkriminelle sorgt in einschlägigen Foren für angeregte Diskussionen. Diejenigen, die sich auf den anonymen Shops mit Drogen und verbotenen Substanzen oder fragwürdigen Dienstleistungen eindecken, wissen nicht mehr sicher, ob ihr Marktplatz der nächste Sumpf ist, der trockengelegt wird. «Abschreckende Wirkung» nennen das Ermittlungsbehörden.

Letztlich nutzen Ermittler das fehlende Wissen breiter Teile der Medien und der Bevölkerung für ihre PR-Zwecke. Es mag gut klingen, Ermittlungserfolge in einem Bereich zu kommunizieren, der als mysteriös, anstössig und vollkommen anonym gilt. Sogar der Schweizer Nachrichtendienst betreibt dieses Spiel. In einem Bericht der Melde- und Analysestelle Informationssicherheit (Melanie) schrieb der Nachrichtendienst zum erwähnten Fall in Niedersachsen kühn von einer «Razzia gegen Darknet». Doch von einer Razzia kann nicht die Rede sein, denn die international koordinierte Aktion legte eine Reihe von dubiosen Onlineshops lahm, die im offenen Internet aufgeschaltet waren. Dieser Fall war alles andere als eine «Razzia gegen Darknet».

Das Darknet als abgeschotteter Bereich des Internets ist für solche Crime-as-a-Service-Anbieter, für Drogenhändler und Hehler verbotener Produkte und Dienstleistungen aber tatsächlich ein Eldorado. Dort sind Ermittlungserfolge deutlich dünner gesät. Auf diesen verborgenen Marktplätzen dominiert deshalb alles, was verboten ist: illegale Güter, vor allem Drogen, rezeptpflichtige Medikamente und gefälschte Kredit- und Kundenkarten, gestohlene Identitäten, gefälschte Pässe, Waffen, Munition, verbotene Substanzen – und eine Vielzahl von IT-Dienstleistungen (s. a. Kapitel 7, S. 87). Gelingt es den Behörden ab und zu tatsächlich, einen Händler aus dem Verkehr zu ziehen oder sogar eine Plattform zu schliessen, stehen am nächsten Tag mehrere Ersatzplattformen und Nachfolgehändler bereit. Das Wachstum der anonymen Angebote im Darknet ist schier grenzenlos, wie die Analyse von einem halben Dutzend Marktplätze zeigt.

2

Zwiebelschalen – anonym durchs Internet

Herkömmliche Browser wie Firefox, Safari oder Chrome zeichnen sämtliche Webseiten auf, die ein Internetnutzer aufruft. Auch wenn die Funktion «privates Surfen» aktiviert ist, speichert ein Internetprovider jede Bewegung. Die Daten werden nur nicht in der Browser-Chronik des Computernutzers gespeichert. Ganz anders funktioniert der TOR-Browser. Diese frei erhältliche Software ist ein offenes Netzwerk, mit dem die Verbindungsdaten des Internets durch eine technische Funktion verborgen werden. Hinter dieser Software steht die gleichnamige Non-Profit-Organisation mit Sitz in Cambridge, USA. Finanziert wird sie durch private Spenden und Zuwendungen verschiedenster Institutionen.

Am TOR-Browser zeigt sich ein grundlegender Widerspruch: der Wunsch vieler Internetnutzer nach Freiheit und unkontrollierten Bewegungen im digitalen Raum und der Drang der staatlichen Behörden, Vorgänge und Ereignisse im Internet nachverfolgen zu können. Dieser Gegensatz zeigt sich insbesondere auch in der Art und Weise, wie sich das TOR-Projekt finanziert: Zu den ersten Geldgebern vor über 15 Jahren gehörten die amerikanischen Militärbehörden. Zwischen 2001, und 2006 wurde TOR durch die Defense Advanced Research Projects Agency (DARPA) und das Office of Naval Research (ONR) unterstützt.

In den letzten Jahren finanzierten verschiedene Menschenrechtsorganisationen und Forschungsinstitutionen sowie zahlreiche staatliche Stellen den Unterhalt und die Weiterentwicklung von TOR. Unter den Sponsoren befinden sich unter anderem auch die schwedische Agentur für internationale Entwicklung (2010–2013), das deutsche Aussenministerium (2015) und das US Department of State Bureau of Democracy, Human Rights and Labor (2013 – 2016). Aktuell verzeichnet TOR über weitere 4600 Einzelspenden sowie Zuwendungen mehrerer amerikanischen Forschungsstiftungen.

Staatlich unterstützt, staatlich bekämpft

Massgebliche Entwickler des Projekts waren Roger Dingledine mit Nick Mathewson und Paul Syverson. Der Ursprung des Netzwerks geht auf das Jahr 2000 zurück. Eine «Pre-Alpha»-Version veröffentlichte Dingledine am 20. September 2002. Bis heute prägt er TOR als Projektleiter und Chefentwickler massgebend. Inzwischen ist TOR mit der absurden Situation konfrontiert, dass das Netzwerk – insbesondere in den USA – einerseits auf staatliche Unterstützung zählen kann. Auf der anderen Seite bekämpfen andere staatliche Stellen das Projekt vehement: So wurde im Oktober 2013 basierend auf Dokumenten des Whistleblowers Edward Snowden bekannt, dass TOR zum «High-Priority Target» der National Security Agency (NSA) geworden war, wie der *Guardian* damals publik machte. Basierend auf einer von der Zeitung veröffentlichten NSA-internen Präsentation wurde auch klar, dass sich die NSA an TOR die Zähne ausgebissen hatte: «We will never be able to de-anonymize all TOR users all the time», heisst es in internen Unterlagen der NSA, die der *Guardian* damals veröffentlichte. Dem wohl weltweit mächtigsten Geheimdienst war es lediglich in Einzelfällen und nur mit «Manual Analyzes» (also in klassischen Einzelanalysen) gelungen, TOR-Benutzer zu enttarnen. Für das TOR-Projekt klingt das NSA-Verdikt wie ein Gütesiegel.

TOR gewährleistet heute gemäss verschiedensten Experten die wohl beste Anonymisierung, auch wenn das von staatlicher Seite her niemand öffentlich festhalten will. Sogar Jacob Appelbaum, Anwalt, Sicherheitsanalyst und jahrelang Mitglied des Kernteams von TOR, wiegelt ab: «Es gibt keine 100-prozentige Sicherheit. Aber es gibt nur sehr wenige Angebote, die mit dem TOR-Netzwerk mithalten können und die ebenso wissenschaftlich gegengeprüft sind.»

Seit den Enthüllungen von Edward Snowden über die schier grenzenlose Überwachung des weltweiten Internetverkehrs durch die NSA im Sommer 2013 hat sich die Zahl der Computerbenutzer, die mit TOR im Internet surfen, verdoppelt. Vor 2012 lag die Zahl der täglichen TOR-Nutzer noch deutlich unter einer Million. Aktuell benutzen weltweit täglich zwischen 1,5 und 2 Millionen Personen den Anonymisierungsbrowser. Am meisten Nutzer verzeichnet TOR in den USA, täglich 350 000 Personen (21 Prozent). An zweiter Stelle liegen Benutzer aus Russland (12 Prozent; 200 000 Besucher), Deutschland (11 Prozent; rund 180 000 Nutzer) und Frankreich mit 100 000 Besuchern (6 Prozent). In der Schweiz benutzen aktuell gut 15 000 User den TOR-Browser. Doch immer mal wieder kommt es zu einem Ansturm auf TOR, etwa im Februar 2016, als während mehrerer Tage jeweils um die 50 000 Personen ihren Zugriff aufs Internet mit TOR anonymisierten.

Die Innovation von TOR besteht darin, dass bei einem Aufruf einer Webseite die Browsersoftware bei der Weiterreichung von Datenpaketen zwischen Benutzer und Zielseite die IP-Adressen nicht mitliefert bzw. die mitgelieferte IP-Adresse über mehrere Stationen verschleiert und der ursprüngliche Benutzer nicht mehr eruierbar ist. Das Netzwerk bildet einen privaten Pfad, indem die Software jedem Datenpaket eine mehrfach verschlüsselte Schale überstülpt. Das Datenpaket wird über drei zufällig ausgewählte TOR-Stationen (Relay genannt) zum Empfänger übermittelt. Bei jedem Sprung zum nächsten Knoten wird die äusserste Schale der Verschlüsselung entfernt – daher das Synonym der Zwiebel. Jeder Knoten kennt nur die IP-Adresse des letzten Knotens. Kein Einzelknoten kennt den gesamten Pfad, den ein Datenpaket genommen hat. Alle zehn Minuten wird ausserdem eine neue – wiederum zufällig ausgewählte – Verbindung gewählt. Die Relays basieren auf mehreren Tausend (ehrenamtlichen) TOR-Benutzern, die ihren Computer mit einer einfachen Installation zum Knoten umfunktionieren und ihn dem Netzwerk zur Verfügung stellen.

Mit TOR Privatsphäre schützen

Viele Internetnutzer sind der Meinung, der TOR-Browser diene einzig dazu, in illegale Sphären des Internets einzutauchen. Dem ist nicht so. Primär macht es der TOR-Browser möglich, die Privatsphäre zu schützen, indem die Verbindungsdaten durch Dritte im Nachhinein nicht mehr nachvollziehbar sind – und zwar im ganz normalen offenen Internet. So wird es etwa einem Onlineshop verunmöglicht, einen Besucher, der auf seiner Webseite nach einem bestimmten Produkt gesucht hat, anschliessend in einer anderen Applikation (z. B. Facebook) personalisierte Werbeanzeigen einzublenden. Mit der Anonymisierung der eigenen IP-Adresse ermöglicht TOR aber auch Internetnutzern den Zugang zu Webseiten, die aufgrund ihres Standorts nicht zugänglich wären. Dies betrifft insbesondere Länder mit einer ausgeprägten Zensur (beispielsweise China), autokratische Staaten in Zentralasien oder Diktaturen und Kriegsgebiete in Nordafrika und im Nahen und Mittleren Osten. Folglich ermöglicht der TOR-Browser auch, dass man Webangebote wie E-Mail-Anbieter und Instant-Messaging-Dienste (Chatrooms) erreichen kann, wo diese mit klassischen Browsern gesperrt sind.

Allerdings sind im TOR-Browser klassische E-Mail-Dienste nicht nutzbar (u. a. Hotmail, Yahoo, GMX usw.), weil TOR aus Sicherheitsgründen verschiedene Plug-ins nicht zulässt (z. B. Javascript). Hingegen können mit TOR andere E-Mail-Dienste genutzt werden, die mit normalen Browsern nicht zugänglich sind (z. B. Sigaint). Solche E-Mail-Anbieter wiederum stärken die Privatsphäre, weil sie tatsächlich bestmögliche Anonymität gewähren. Diese Kanäle nutzen etwa Journalisten, um sicher mit ihren Quellen zu kommunizieren.

32

Doch nicht nur Menschenrechtsaktivisten, Journalisten, IT-Fachleute oder Betrüger nutzen TOR, um ihre Herkunft beziehungsweise ihren Standort zu verschleiern. Gemäss Angaben von TOR greifen auch Militärbehörden auf den Browser zurück, etwa bei ihren «Open Source Intelligence»-Recherchen (Osint). Ausserdem stützen sich Strafverfolger auf den Anonymisierungsdienst, etwa wenn sie verdächtige Webseiten observieren und dort die allfällige Zielperson mit ihrer IP-Adresse nicht über ihre Ermittlungen vorwarnen wollen. Ein Schweizer Ermittler sagt: «Wenn ich den Webauftritt einer Zielperson analysiere, will ich nicht, dass die IP-Adresse des Zürcher Kantonsservers bei ihm auf dem Rechner als Besucher erscheint und ihn womöglich vorwarnt.»

Für Appelbaum, der inzwischen aus dem Kernteam des Projekts ausgeschieden ist, liegt genau darin die Ironie in der Geschichte von TOR: «Ich kümmere mich um Menschenrechtsaktivisten und Journalisten. Aber wenn wir Menschenrechtsaktivisten und Journalisten unterstützen, profitiert auch die Polizei von TOR. Das ist ein Faktum. Klar, das mag ich überhaupt nicht, aber so ist es nun halt. Das Militär profitiert ebenfalls, obschon ich kein Militarist bin. Entweder haben alle diese Freiheit oder niemand.» Das TOR-Projekt umfasst nicht nur die freie Software des Browsers, sondern auch die Möglichkeit, Webseiten zu veröffentlichen, die im herkömmlichen Internet blockiert würden, beispielsweise durch die Regierungen in autokratischen Staaten. Unter der Bezeichnung «Hidden Services» bietet TOR ein Tool an, das den Standort der ins Netz gestellten Webseite verschleiert. Solche Seiten tragen die Pseudo-Toplevel-Domain .onion.

TOR ist Strafverfolgern ein Dorn im Auge

Vor allem in den USA schieben Strafverfolger immer wieder indirekt TOR die Schuld zu, mit ihrer Software die illegalen Marktplätze des Darknets überhaupt erst möglich gemacht zu haben. Als die US-Behörden im November 2014 mit Silk Road 2.0 den damals grössten Handelsplatz im Darknet stilllegen konnten, suggerierte der zuständige FBI-Direktionsassistent George Venizelos, TOR ermögliche Betrügern, sich beim Handel von Drogen, Waffen, gestohlenen Kreditkarten und Hackersoftware zu verstecken. Die Botschaft dahinter: Wer TOR benutzt, hilft Kriminellen. Der Anonymisierungsdienst ist den amerikanischen Ermittlern ein Dorn im Auge, am liebsten würden sie ihn wohl verbieten. Angesichts solcher Darstellungen und vor dem Hintergrund der illegalen Machenschaften im Darknet geht oft vergessen, dass die Benutzung des TOR-Browsers keineswegs illegal ist, auch wenn das – vor allem amerikanische – Ermittler mitunter suggerieren. TOR ist im normalen Internet eine praktische Alternative zu Firefox, Safari oder Chrom – weil der Browser eben keine Spuren hinterlässt. Wer den TOR-Browser einsetzt, bewegt sich überhaupt nicht zwingend auf versteckten, dubiosen oder gar illegalen Webseiten.

3

Freie Informationen für alle: Der Traum des Internets

Die verborgenen Bereiche des Internets, die heute im Darknet mehr und mehr zur Plattform einer Schattenwirtschaft für verbotene Produkte geworden sind, entstanden wohl aus einer Zufälligkeit heraus. In den 1970er- und 1980er-Jahren, als die Übertragungsprotokolle entwickelt und zur Basis für das weltumspannende Computernetz wurden, war die Verschlüsselung von Nutzerdaten kein Thema. Es war eine Zeit des Aufbruchs. Die Pioniere der Vorläufernetzwerke des heutigen World Wide Web tauschten ihre Informationen und Erkenntnisse offen aus. Die Internetprotokolle als technologisches Rückgrat zur Übermittlung von Nachrichten wurden verbessert, standardisiert und weltweit koordiniert. Eine Folge dieser Entwicklung war, dass seither bei der Übermittlung von Datenpaketen jeweils die Information über den Absender und Empfänger offen mitgeliefert werden. Wer immer eine Nachricht verschickt oder eine Webseite aufruft, sendet mit seinen Daten die Adresse des eigenen Computeranschlusses mit (IP-Adresse).

Internet als Demokratisierungsinstrument

Diese Entwicklung hätte genauso gut anders verlaufen können. Auch als das Internet in den 1990er-Jahren mehr und mehr kommerziell genutzt wurde, war eine Verschlüsselung dieser Informationen kein Thema. Das Internet wurde weltweit als wichtiges Demokratisierungsinstrument betrachtet – nicht nur von regierungskritischen Bürgern. Im Zentrum stand der offene Austausch von Informationen. Die Erkenntnis, dass das Internet aus demokratietheoretischer Sicht ein Meilenstein darstellt, ist heute unbestritten. Denn erst mit der weltweiten Verbreitung des Netzes wurden Informationen jederzeit und überall zugänglich. Staatliche Stellen und Massenmedien verloren ihr Informationsmonopol. Viele Informationen, die für viele Bürger nicht oder nur schwer zugänglich waren, wurden plötzlich frei verfügbar. Für die Wegbereiter um die Internetlegende Tim Berners-Lee muss es damals unvorstellbar gewesen sein, dass wenige Jahrzehnte später Konzerne wie Google, Facebook, PayPal genau diese Daten sammeln, auswerten, aufbereiten, verkaufen.

Exponenten der frühen Internetbewegung sind heute ernüchtert angesichts der technischen Entwicklung. Denn sie lässt eine beinahe lückenlose Kontrolle von Internetbenutzern zu. «Viele Leute haben damals ihre Hoffnung auf die Macht des Internets gesetzt, um für einen – verglichen mit den Massenmedien – freien und unzensierten Meinungsaustausch zu sorgen», sagte der Verschlüsselungsspezialist und Gründer von Wikileaks Julian Assange in einer Diskussionsrunde mit Mitstreitern. Als er im März 2012 in Grossbritannien unter Hausarrest gestellt wurde, traf er sich mit dem Internetaktivisten Jacob Appelbaum, der für das TOR-Projekt arbeitete, Andy Müller-Maguhn vom Chaos Computer Club und Jérémie Zimmermann (La Quadrature du Net). Die Enthüllungsplattform Wikileaks stand damals bereits unter massivem politischem und juristischem Druck. In den beiden Jahren zuvor hatte Wikileaks eine Vielzahl vertraulicher, zensierter oder geheimer Informationen veröffentlicht. Ganz besonders Dokumente aus dem Irak- und Afghanistankrieg sowie die geheimen amerikanischen Botschaftsdepeschen («Cablegate»).

Assange, Appelbaum, Müller-Maguhn und Zimmermann debattierten, wie sich Staaten, allen voran die USA, nach und nach die Kontrolle über das Internet und den globalen Datenaustausch gesichert hatten. Die Runde überbot sich im Schwarzmalen, vieles klang nach Verschwörungstheorie. Doch heute, nachdem die Welt dank des Whistleblowers Edward Snowden weiss, wie die NSA den globalen Datenverkehr des

Internets kontrolliert, lesen sich die Meinungsäusserungen anders. Die Diskussionsrunde der frühen Internetaktivisten erschien darauf als Publikation unter dem Titel *Cypherpunks: Unsere Freiheit und die Zukunft des Internets*. Darin klagt Assange: «Das Internet, unser grossartigstes Emanzipationsmittel, hat sich in den gefährlichsten Wegbereiter des Totalitarismus verwandelt, mit dem wir es je zu tun hatten. Das Internet ist eine Bedrohung der menschlichen Zivilisation.» Er prangerte den «postmodernen Überwachungsalbtraum» an, aus dem nur die «Gewieftesten» entrinnen könnten.

Verschlüsselung als «gewaltloser Widerstand»

So riefen Assange und seine Mitstreiter auf zum digitalen Widerstand. Ihr Rezept: Verschlüsselung. Wirksame Kryptografie sei «die höchste Form des gewaltlosen Widerstands». Dazu hielt er fest: «Es ist leichter, Informationen zu verschlüsseln, als sie wieder zu entschlüsseln.» Gleichzeitig zeigte er sich überzeugt, damit staatlichen Überwachungsbemühungen trotzen zu können. «Wir erkannten, dass wir uns diese seltsame Eigenschaft zunutze machen konnten (…), indem wir unseren Raum mit einem kryptografischen Schutzwall sicherten. So konnten wir Neuland gewinnen, das den Kontrolleuren der physischen Realität verschlossen bleiben muss, weil sie uns in diese Freizone nur folgen könnten, wenn sie dafür unendliche Ressourcen aufbieten.» Tatsächlich schafft es Assange mit seiner Plattform Wikileaks bis heute immer wieder, geheime Informationen zu verbreiten, ohne dass dies staatliche Stellen unterbinden können. Das zeigte sich einmal mehr im Herbst 2016, als Assange während des amerikanischen Wahlkampfs Unmengen an E-Mails aus dem Wahlkampfstab Hillary Clintons veröffentlichte.

Mit dem Begriff «Cypherpunks» reaktivierten Assange, Appelbaum & Co. eine Bewegung, die auf die frühen 1990er-Jahre zurückgeht. So bezeichneten sich damals Anhänger einer radikal-freiheitlichen Auffassung des Internets. Der Ausdruck ist eine Verschmelzung der englischen Wörter «cipher» (chiffrieren), «cyber» und «punk». Der Begriff lässt sich mit «Verschlüsselungsrebellen des Cyberspace» umschreiben. Die Exponenten selber bezeichnen sich gerne als Internetaktivisten. Sie sehen den Einsatz der Kryptografie und ähnlicher Methoden als Mittel zur gesellschaftlichen und politischen Veränderung. Alle aus der Runde, die sich 2012 mit Assange solidarisierten, waren geprägt von diesen radikal-freiheitlichen Idealen.

Aus der losen Gemeinschaft der Cypherpunks in den 1990er-Jahren war eine gesellschaftliche Strömung geworden. «Die Cypherpunks haben früh gesehen, dass mit dem Internet tatsächlich auch Macht verbunden ist, den gesamten stattfindenden Kommunikationsverkehr zu überwachen. Wir haben heute mehr Kommunikation, aber eben auch mehr Überwachung», sagte Julian Assange in der Diskussionsrunde. Am aktivsten war die Cypherpunk-Bewegung während der sogenannten Kryptokriege, als Anfang der 1990er-Jahre verschiedene Länder Kryptografieverbote einführten und damit sicherstellten, dass keine private Stelle mächtigere Verschlüsselungsstandards benutzen konnte als staatliche Behörden. Dahinter verbirgt sich die Grundsatzfrage, ob die Kryptografie einen staatlichen Herrschaftsanspruch oder die bürgerliche Freiheit legitimiert.

Die USA planten damals einen Gesetzesvorschlag, wonach Anbieter von Kommunikationsdiensten hätten verpflichtet werden sollen, Regierungsbehörden auf Anfrage Zugriff auf die Kommunikation der Nutzer zu verschaffen. Hersteller von Telefonanlagen hätten demnach in ihren Geräten den von der NSA entwickelten «Clipper Chip» zur Verschlüsselung verwenden sollen. Nach massivem Widerstand von Bürgerrechtlern und Kommunikationsdienstleistern wurde das Vorhaben schliesslich abgeblasen und das Projekt 1996 eingestellt.

Aktiv waren die Cypherpunks auch im Arabischen Frühling («Internetfrühling») 2011, als sich Oppositionelle autokratischer Länder dank

Anonymisierungssoftware frei austauschen konnten – obschon ihre Regierungen den Zugang zu westlichen Internetseiten gesperrt hatten. Bis heute rufen die Exponenten der Cypherpunkbewegung zum «Kryptokampf» auf, weil verschiedene Länder mithilfe des Internets die Bevölkerung systematisch überwachen. Als Beispiel erzählte der Verschlüsselungsexperte Jacob Appelbaum in der Gesprächsrunde mit Assange, wie er basierend auf dem amerikanischen Informationsfreiheitsgesetz alle bei der amerikanischen Einwanderungs- und Zollbehörde gespeicherten Daten herausverlangt hatte. «Und tatsächlich, da wird Roger Dingledine[4] aufgeführt, der mir für irgendeine berufliche Angelegenheit ein Flugticket besorgt hatte, seine Kreditkartennummer, seine Adresse, wo er lebte, als er es gekauft hat, der Browser, den er benutzt hat, und alles über das Flugticket.»

Exponenten bezahlen hohen Preis

Das wohl grösste Verdienst der Cypherpunk-Bewegung ist die Entwicklung und Verbreitung des TOR-Projekts (s. Kapitel 2, S. 29). Zahlreiche Whistleblower konnten dank dieser Anonymisierungssoftware Dokumente veröffentlichen – vor allem auf der Plattform Wikileaks. Schliesslich basieren auch die Enthüllungen des ehemaligen NSA-Mitarbeiters Edward Snowden auf den kryptografischen Grundlagen und Erkenntnissen der Cypherpunk-Experten. Die Exponenten dieser Szene zahlen einen hohen Preis für ihr Engagement. Von Appelbaum beispielsweise ist dokumentiert, dass er seit einem Auftritt bei einer Hackerkonferenz 2010 in New York (wo er Julian Assange vertreten hatte) systematisch von Strafverfolgungsbehörden schikaniert wird. «Wann immer er seither die USA verlassen hat oder wieder eingereist ist, wurde er vernommen. Seine Ausrüstung wurde beschlagnahmt, seine Rechte wurden mit Füssen getreten (...) an seiner Verhaftung und Drangsalierung waren Dutzende US-Behörden beteiligt, vom Heimatministerium über die

Einwanderungs- und Zollbehörde bis hin zur US-Armee», schreibt Assange in seinem Buch *Cypherpunks* über Appelbaum. Ebenso wichtig wie der TOR-Browser war die Entwicklung des Verschlüsselungsprogramms Pretty Good Privacy (PGP), das auf den Softwarespezialisten Phil Zimmermann zurückgeht. Auch er wurde durch den sogenannten Kryptokrieg in seiner Arbeit motiviert.

Im Zuge dieser Bewegung für weniger Überwachung im Internet entstanden weltweit Ableger. Im deutschen Sprachraum ist der Begriff Cypherpunks eher weniger gebräuchlich. Hier sind es unter anderem die Privacy Foundation mit Organisationen in verschiedensten Ländern, darunter auch in Deutschland und der Schweiz. Sie propagieren die Verschlüsselung privater E-Mails und organisieren Workshops für eine wirksame Anonymisierung (etwa bei Journalisten). Teil dieser losen Internet-Privatsphären-Bewegung sind auch Vereinigungen wie die verschiedenen Chaos Computer Clubs, die weltweit zu mehr oder weniger spontanen Kryptopartys aufrufen. Dabei vermitteln IT-Fachleute den Teilnehmenden (beispielsweise Journalisten) die Standards der Verschlüsselung.

Auch die Piratenpartei geht letztlich auf die Bewegung der Internetaktivisten zurück. Neben der Verschlüsselung von E-Mails ist heute in diesen Kreisen die Benutzung des TOR-Browsers Standard. Mit diesem kostenlosen Opensource-Programm kann man sich im Internet bewegen, ohne Spuren zu hinterlassen. Dabei wird die IP-Adresse des eigenen Internetanschlusses durch eine technische Massnahme verschleiert (s. S. 31). Eine Methode, die sich leider auch Kriminelle zunutze machen.

4

Bitcoin, das Mass aller Dinge

Regelmässig am Mittwochabend sitzt im «Kafi Schoffel» im Zürcher Niederdorf eine muntere Runde. Manchmal sind es nur zwei, drei Personen, manchmal zehn, ab und zu auch mehr. Sie alle haben eine Leidenschaft: kryptografisches Geld. Die technisch faszinierende Lösung, wie im Internet geldwerte Leistungen in Form von Rechenoperationen sicher vom Absender zum Empfänger gelangen können. Die bekannteste Internetwährung ist Bitcoin. Das Konzept beruht im Wesentlichen auf einem öffentlich geführten Register, in dem alle jemals ausgeführten Transaktionen in Form von verschlüsselten Rechenoperationen aufgelistet sind – quasi ein öffentlich geführtes Kassabuch. Diese sogenannte Blockchain wird dezentral gespeichert. Jedermann kann sich mit entsprechenden Kenntnissen und der öffentlich zugänglichen Software an den Rechenoperationen beteiligen. Eine Bank zwischen den Handelspartnern existiert nicht.

Wer von seinem Computer aus einer anderen Person einen Betrag in Bitcoin überweisen will, fügt in seinem auf dem Computer gespeicherten Portemonnaie (Wallet) lediglich die Empfängeradresse ein. Innerhalb weniger Minuten ist der Betrag überwiesen. Von den Rechenoperationen im Hintergrund bekommt ein Nutzer nichts mit. Technisch gesehen wird eine Überweisung verschlüsselt an das weltweite Netzwerk von beteiligten Rechnern (Nodes) gesendet und von diesen auf ihre Gültigkeit hin überprüft. Mehrere Transaktionen werden als Block gesammelt und der bestehenden Blockchain angehängt. Erst wenn eine Transaktion durch das Netzwerk als gültig erkannt wird, wird sie in die Blockchain aufgenommen. Dann erst gilt die Überweisung als bestätigt.

Für die sichere Übermittlung der Daten braucht es einen privaten und einen öffentlichen Schlüssel, von dem man als Nutzer aber ebenfalls nichts erfährt. Damit wird eine digitale Signatur erzeugt, die auf dem sogenannten Hashwert beruht.[5] Das Netzwerk, das als Rückgrat der Währung zum Funktionieren nötig ist, bildet ein weltweiter Schwarm von Kryptografie-Anhängern. Wer so für die umfangreichen Rechen-operationen seine Computerkapazitäten zur Verfügung stellt, wird beim Abschluss eines Blocks mit einer geringen Summe Bitcoin entschädigt («Mining»). Unter den «Minern» entsteht eine Art Wettkampf, wer einen solchen Block abschliessen und sich den Kleinbetrag sichern kann. So macht jeweils der schnellste Rechner das Rennen, was dazu führt, dass Miner wegen der leistungsintensiven Rechenoperationen compu-tertechnisch fortwährend aufrüsten müssen und so das Netzwerk gleich-zeitig an Kapazitäten zulegen kann. In der breiten Öffentlichkeit hält sich der Irrglaube, Bitcoin könne man nur benutzen, wenn man gleich-zeitig auch als Miner Teil des Betreiberzirkels sei. Doch der Einsatz von Bitcoin als Zahlungsmittel erfordert – im Gegensatz zum Mining – keine vertieften technischen Kenntnisse.

Aktive Schweizer Szene

Weltweit gesehen entfällt der grösste Teil des Bitcoin-Netzwerks auf Nordamerika. Mit über 1500 beteiligten Computern in den USA (rund 26 Prozent) und über 250 Rechner in Kanada (gut 4 Prozent) entfällt auf diesen Erdteil fast ein Drittel der weltweiten Bitcoin-Computer. Im Ver-gleich dazu hat sich in der Schweiz eine aktive Szene von Blockchain-Enthusiasten gebildet. Hier tragen gut 100 Rechner zum Funktionieren des Bitcoin-Netzwerks bei (2 Prozent).[6] Bernhard Müller Hug, Vor-standsmitglied der Bitcoin Association Switzerland und verlässlicher Be-sucher des Zürcher Stammtischs, schätzt die Zahl der Bitcoin-Exponen-ten in der Schweiz auf gegen 200 Personen – vom «Technerd» über den

IT-Spezialisten, von bekannten Internetunternehmen bis hin zu den Krypto-Anarchisten. Er sagt: «Der normale Nutzer auf der Strasse ist kein stereotyper Bitcoin-User.»

Die Kryptowährungsanhänger in der Schweiz propagieren die Technologie oft aus ähnlichen Motiven wie die Exponenten der Cypherpunk-Bewegung. Viele misstrauen den grossen Geldinstituten und verfügen teils über hohes Know-how in der Kryptografie. Andere suchen nach einer Alternative für ungewöhnliche Geldüberweisungen (z. B. in entlegene Staaten), Dritte glauben geradezu sektenhaft an eine märchenhafte Kursentwicklung, dank der sie bald reich werden würden. In der Schweiz hat sich auch ein regelrechtes Bitcoin-Valley etabliert – vor allem in der Region Zug. Mehrere international beachtete Firmen haben sich in den letzten Jahren hier angesiedelt in der Hoffnung, die Technologie dereinst auch für andere Transaktionen als Geldüberweisungen nutzen zu können (z. B. Verträge, Aktien, E-Voting).

Bis heute tauchen laufend neue Währungen auf – und verschwinden meist bald wieder. Aktuell gibt es gemäss dem Blockchain-Experten Daniel Grassinger 711 Währungen.[7] Neben Bitcoin haben sich in den letzten zwei Jahren Litecoin, Monero, Ripple und Dash als Hauptwährungen etabliert. Die klare Nummer eins ist aber weiterhin Bitcoin. Durch den frei zugänglichen Quellcode wurde Bitcoin nach 2010 rasch einem grösseren Kreis an Nutzern bekannt. Als die Währung um 2013 aufgrund der prognostizierten Zukunft zunehmend zum Spekulationsobjekt wurde, der Kurs die 1000-Dollar-Grenze übertraf und die mediale Berichterstattung zunahm, kam es zu einer Flut neuer Kryptowährungen. Im Verlauf des letzten Jahres setzte nun eine neue Kryptowährung zum Höhenflug an: der Ether. Inzwischen ist Etherum zur Nummer zwei hinter Bitcoin aufgestiegen. Der Online-Vergleichsdienst Coinmarketcap errechnete 2016 für Etherum eine Marktkapitalisierung von etwas über eine Milliarde Dollar, für Bitcoin kam der Vergleichsdienst auf einen Wert von 6,5 Milliarden Dollar.

«Smart Contracts» dank der Blockchain

Der schnelle Aufstieg von Etherum erinnert an die Entwicklung von Bitcoin 2009. Die damals neue Währung trat ihren Siegeszug an, selbst regelrechte Abstürze nach spekulativen Hochs konnten ihr nichts anhaben. Ebenso wenig scheint ein stetig schwelender Streit der Entwickler über technische Neuerungen am Konzept dieser Kryptowährung zu schaden. Hinter Etherum steckt der in Zug lebende gebürtige Russe Vitalik Buterin, 22 Jahre alt. Fachleute geben seiner Technologie grosse Chancen. Basierend auf der Blockchain-Technologie will er nicht nur ein dezentrales Geldsystem betreiben, sondern auch andere Anwendungen wie sogenannte Smart Contracts ermöglichen. Also intelligente, weil selbstausführende vertragliche Abmachungen, die heutige Vertrauenspersonen wie Anwälte, Notare, Richter usw. überflüssig machen sollen.

Im Darknet wird nicht mehr – wie bei herkömmlichen Onlineshops – mit Kreditkarten bezahlt, sondern ausschliesslich mit Kryptowährungen. Dieses digitale Geld hat nichts mit früheren virtuellen Geldern zu tun (z. B. Lindendollars und Ähnlichem). Die Anfänge dieser auf Rechenoperationen basierenden Kryptowährungen gehen auf die späten 1980er-Jahre der Cypherpunk-Bewegung zurück. 1988 verfasste der anarcho-libertäre Timothy May sein *Krypto-Anarchistisches Manifest*. Darin beschrieb der ehemalige Intel-Physiker und Science-Fiction-Autor, wie dank der Verschlüsselungstechnologie nicht nur E-Mails, sondern auch Meldungen und Verträge, ja sogar wirtschaftliche Transaktionen ausgetauscht werden könnten. Gleichzeitig träumte er von digitalem Geld. Doch die Idee einer digitalen Währung wurde erst 2008 konkret, als der Cypherpunk-Gemeinschaft eine E-Mail zugestellt wurde mit dem Absender Satoshi Nakamoto. An der Nachricht angehängt war ein neunseitiger Aufsatz inklusive eines detaillierten Konzepts für eine neue Kryptowährung. Ob hinter diesem Namen eine reale Person steht oder das Pseudonym einer Gruppe von Kryptospezialisten, ist bis heute umstritten.

Die Vorteile von Kryptowährungen liegen auf der Hand. Innerhalb weniger Minuten ist eine Geldüberweisung validiert und abgeschlossen. Kein Unternehmen schlägt Kommissionen und Gebühren im Prozentbereich auf einen Betrag. Jedermann kann sich ein elektronisches Portemonnaie (Wallet) auf seinen Computer, auf das Tablet oder Mobiltelefon laden, und jedermann kann – legal – Bitcoins erwerben. Verschiedene Banken in der Schweiz und Deutschland bieten die Währung auf eigenen Bitcoin-Börsen an. Seit November 2016 kann man in der Schweiz sogar an jedem SBB-Billettautomaten Bitcoins kaufen (zwischen 20 und 500 Franken). Dabei bezahlt man mit Bargeld und erhält anschliessend die Bitcoin direkt auf der elektronischen Geldbörse im Handy gutgeschrieben. In einem vorerst auf zwei Jahre beschränkten Test wollen die SBB herausfinden, ob der Handel mit Bitcoin einem Bedürfnis der Kunden entspricht. Doch die SBB treten selber nicht als Finanzintermediär, sondern nur als Distributor der Zuger SweePay AG auf. Deshalb akzeptieren die SBB Bitcoin auch nicht als Zahlungsmittel. Auch ein Umtausch Bitcoin in Franken ist nicht möglich.

Eine Bitcoin-Börse betreibt beispielsweise die Münchner Fidor-Bank (www.bitcoin.de). Dort kann jedermann Bitcoin kaufen oder verkaufen. Dazu muss man sich bei der Bank lediglich regulär als Kunde registrieren, authentifizieren und eine existierende Bankbeziehung nachweisen. Der Kauf der Bitcoin erfolgt durch Vorauszahlung. Gutgeschrieben werden die Bitcoin auf einem persönlichen Onlinekonto bei bitcoin.de. Von dort kann die digitale Währung auf eine persönliche Wallet überwiesen oder auf dem eigenen Computer lokal gespeichert werden.

Bitcoin kann man aber auch über einen Bankomaten der Bitcoin Suisse AG erwerben – unkompliziert und vollständig anonym. Ein solches Gerät steht beispielsweise im «Kafi Schoffel» inmitten der Zürcher Altstadt zur Verfügung. Ohne Registration kann jedermann an den Automaten Bargeld zu Bitcoin tauschen (oder umgekehrt). Nach der Geldeinzahlung erscheinen die Bitcoin in Form eines sogenannten QR-

Codes auf dem Bildschirm, womit der Betrag direkt auf eine Bit-coin-Wallet auf dem Handy transferiert werden kann. Möglich ist aber auch eine sogenannte Paper-Wallet. Dabei erhält man eine ausgedruckte Quittung, deren QR-Code man anschliessend an einem Computer ein-lesen und die Bitcoins so auf die persönliche Wallet auf dem Computer verschieben kann.

Abb. 1: Papierbeleg eines Bankomaten von Bitcoin Suisse AG als Alternative zur direkten Überweisung auf das Smartphone.

Bitcoin und die Angst der Banken

Das Potenzial hinter der Blockchain-Technologie haben inzwischen auch Banken und Versicherungen erkannt. Vor allem die Erkenntnis, dass Finanztransaktionen ohne Mittelsperson ausgeführt werden kön-nen, macht der Branche Sorge. Dass aber schon in naher Zukunft die Blockchain-Technologie ihr Geschäftsmodell von Finanz- und Versi-cherungsdienstleistern umpflügen könnte, wagt kaum jemand laut zu sagen. Bei einer Diskussionsrunde des World Economic Forums in China stellte der luxemburgische Finanzminister Pierre Gramegna aller-dings rhetorisch die Frage: «Wenn Geld gratis transferiert werden kann, was bedeutet das für die Finanzinstitute?» Gleichzeitig zeigte er sich überzeugt, dass sich die Entwicklung nicht aufhalten lässt: «Heute wis-sen wir, dass Blockchain Bank- und Finanzdienstleistungen revolutio-nieren wird. Ich denke, es ist sogar möglich, dass Blockchain dereinst das Wort ‹Internet› ersetzen wird.» Fachleute stufen Kryptowährungen als relativ fälschungssicher ein, da alle Transaktionen in einem breiten Netzwerk überprüft und dezentral gespeichert werden. Erst wenn das Netzwerk eine Geldüberweisung für glaubwürdig erachtet, wird die Transaktion gültig.

Inzwischen experimentieren verschiedene Konzerne mit eigenen Kryptowährungen, etwa UBS, Microsoft, Samsung und der deutsche Energieversorger RWE. Im Herbst 2016 zogen zudem fünf führende europäische Versicherer und Rückversicherer nach. Unter dem Begriff «Blockchain Insurance Industrie Initiative» (B3i) testen der weltgrösste Rückversicherer Münchner Re gemeinsam mit der Allianz, Swiss Re, Zurich und der niederländischen Aegon die Möglichkeiten der Blockchain-Technologie für die Versicherungsbranche.

Nur wenige Geschäfte akzeptieren Bitcoin

In der Realwirtschaft ausserhalb des Internets kann sich Bitcoin bisher aber nicht durchsetzen. In Zürich war das «Kafi Schoffel» lange das einzige Restaurant, in dem mit Bitcoin bezahlt werden konnte. Inzwischen akzeptieren gut zwei Dutzend Geschäfte die Kryptowährung. Unabhängig davon betreibt die Bitcoin Suisse AG schweizweit sieben Bankomaten, bei denen Bargeld zu Bitcoin (und umgekehrt) getauscht werden kann.

Im Internet hat sich Bitcoin weitgehend durchgesetzt. Zwar wird die Kryptowährung auch von einigen grossen Firmen im Elektronikbereich akzeptiert (Microsoft, Dell, der Verlag Time). Als erste Stadt weltweit nimmt Zug seit Juli 2016 die Digitalwährung Bitcoin entgegen. In welchem Umfang aber Gebühren tatsächlich in der Digitalwährung beglichen werden, ist nicht bekannt. Die Stadt hat damit jedoch erreicht, dass sie weltweit auf ihre Ansiedlungspolitik aufmerksam machen konnte. Allzu gerne sieht sich der Zentralschweizer Kanton in Anlehnung an das Silicon Valley als Crypto Valley. In den letzten Jahren haben sich dort mehrere Firmen niedergelassen, die im Bereich der Kryptowährungen tätig sind, allen voran das zurzeit viel gelobte Unternehmen Etherum.

Doch trotz aller Begeisterung für das technologische Potenzial – im Grundsatz gilt: Je tiefer sich die kommerziellen Dienste im Internet befinden, desto eher stützen sich Händler und Käufer auf Bitcoin oder andere Kryptowährungen als Zahlungsmittel. Bernhard Müller Hug sieht in Bitcoin die Standardwährung der Darknet-Marktplätze: «Bitcoin ist wie das Fett im Getriebe.» Litecoin, Dash und in jüngster Zeit Monero werden von Händlern zwar akzeptiert, aber sie wollen damit vor allem signalisieren, dass sie up to date sind.

Bundesrat wittert Geldwäschereirisiko

Die staatlichen Behörden beobachten die Entwicklung von Bitcoin skeptisch. Der Bundesrat hielt 2014 in einem Bericht fest: «Die Geldübermittlungsmöglichkeiten mit Bitcoin bieten einen hohen Grad an Anonymität und schaffen damit Geldwäschereirisiken, die nicht vollständig über erhöhte Sorgfaltspflichten abgedeckt werden können.» Bei Strafermittlern klingt es ähnlich. Von dieser Stelle ist immer wieder zu hören, die Zahlungsströme mit Bitcoin seien praktisch nicht offenzulegen, weil die Überweisungen aufgrund der Verschlüsselung per se anonym seien. Ein ehemaliger Polizist, der heute für die strafrechtliche Abteilung des schweizerischen Heilmittelinstituts Swissmedic illegal importierte und verkaufte Medikamente verfolgt, sagt: «Die Rückverfolgung ist schwieriger geworden. Die Traceability ist nicht mehr gewährleistet, wie das früher der Fall war. Das wird unsere Arbeit sicher erschweren.» Insbesondere würden Bitcoin-Mischprogramme – sogenannte Scrambler oder Laundrys – die Herkunft der Gelder zusätzlich verschleiern. «Es ist für uns fast unmöglich, den Fluss des Geldes zurückzuverfolgen und einen Zusammenhang zwischen Besteller und Verkäufer herstellen zu können.»

Auf den illegalen Marktplätzen teilen Händler diese Einschätzung. Viele wiegen sich deshalb in Sicherheit. Sie glauben, wenn sie ihre illegalen Produkte gegen Bitcoin verkaufen, könnten ihnen die Strafbehörden nichts anhaben. Doch so einfach ist es nicht. Ein Händler von illegalen Substanzen gibt zwar zu, dass die Währung Bitcoin nicht vollständig anonym sei. Aber die Tatsache, nicht auf eine Bank angewiesen zu sein, euphorisiert ihn. «Wenn es schnell gehen muss, gehe ich zu einem Automaten», hier könne er formlos Bitcoin zurück in Franken wechseln, bis 2000 Franken pro Tag. Dass aber womöglich zwischen dem Betreiber des Bankomaten und seiner Person eine überprüfbare Verbindung besteht, blendet der Drogenhändler aus. Er selber betont, auch offizielle, meist von Banken betriebene Börsen zu benutzen, um Bitcoin in eine reguläre Währung zu tauschen. Das sei easy, sagt er. Er frohlockt und erzählt genüsslich, wie er die Bitcoin zuerst durch eine Laundry fliessen lässt. Er nutzt Dienste von Helix, einem Angebot von Grams, einem der wichtigsten Suchdienste im Bereich der anonymen Shops im Darknet.

Was der Drogenhändler nicht berücksichtigt: Auch wenn er die Herkunft seiner Bitcoin gegenüber der Bank verschleiert, allein der Umfang der Bitcoin, die er in Franken oder Euro umtauscht, könnte bei der Bank Anlass sein, genauer hinzuschauen. Denn mit den inzwischen international durchgesetzten verschärften Anforderungen, verdächtige Vorkommnisse der staatlichen Anlaufstelle für Geldwäscherei zu melden, sind Banken sensibler geworden. Sie müssen im Zug des Grundsatzes «Know your customer» ihre Kunden kennen und im Fall eines Strafverfahrens in der Lage sein, sich für deren Verhalten – oder ihre fehlende Compliance – zu rechtfertigen.

Irrglaube Anonymität

Es ist allerdings ein Irrglaube, zu denken, Kryptowährungen seien vollkommen anonym. Doch der Mythos wird von Händlern illegaler Produkte gepflegt und von Käufern weiterverbreitet. Aufgrund ihrer illegalen Tätigkeit dürfte dies wohl eher eine Wunschvorstellung sein. Denn Fachleute der Bitcoin-Szene sind sich sehr wohl bewusst, dass Bitcoin kein anonymes Zahlungsmittel ist. Bernhard Müller Hug von der Bitcoin Association Switzerland sagt unmissverständlich: «Bitcoin ist definitiv nicht anonym. Im Gegenteil. Die Transaktionen sind zu 100 Prozent öffentlich. Jedermann kann jede Transaktion anschauen.» Es ist zwar nicht ersichtlich, welcher Person eine Zahlung zugerechnet werden kann. Strafermittler kennen aber unter Umständen die Identität eines Zahlungsauslösers oder eines Empfängers. Müller Hug bezeichnet die Kryptowährung deshalb als ein «pseudoanonymes Zahlungsmittel». Folglich gewährleiste Bitcoin lediglich eine Pseudo-Anonymität. Er ist überzeugt, dass er seine Privatsphäre viel einfacher mit E-Banking schützen könne. «Wichtig ist zu wissen, dass die Herstellung der kompletten Transparenz eben möglich ist. (…) Mit Bitcoin ist es relativ schwierig, im grossen Stil Geld zu verstecken oder Geld anonym zu erhalten oder zu versenden.»

Der Zürcher IT-Forensiker und Bitcoin-Miner Guido Rudolphi teilt diese Einschätzung: «Es gibt keine Onlinewährung, die derart gut nachvollziehbar ist wie Bitcoin. Es gibt spezialisierte Firmen, die aufgrund der Blockchain und aufgrund der aufgebauten Datenbanken Zahlungen relativ gut nachvollziehen und Besitzer von Bitcoin identifizieren können. Was bei Bargeld oder gestohlenen Kreditkarten oder bei PaySafe-Karten nicht der Fall ist.» Die Ernüchterung von Strafbehörden und der entstandene Mythos, Zahlungen in Bitcoin wären anonym, hat seinen Ursprung wohl schlicht in der Unkenntnis vieler Ermittler im Umgang mit Kryptowährungen. Denn bisher hatten sie es bei der Offenlegung von Geldflüssen meist sehr einfach. Die Einsicht in klassische

Kontounterlagen von Verdächtigen erfordern zwar buchhalterische, aber keine technischen Kenntnisse. Bei Strafverfahren sind Geldfluss-überprüfungen heute Routine. Mit einer einfachen Bankenedition gelangen Strafermittler meist innerhalb kurzer Fristen an Kontoauszüge von Beschuldigten. Anschliessend analysieren interne Wirtschaftsprüfer die Kontobewegungen und legen fragliche Zahlungen und Vermögen unklarer Herkunft auf die Schnelle offen.

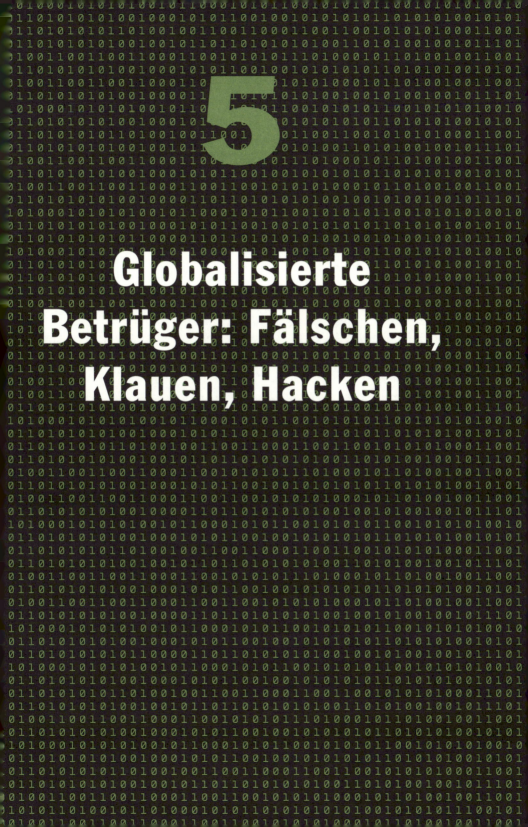

5

Globalisierte Betrüger: Fälschen, Klauen, Hacken

Die anonymen Marktplätze im Darknet in ihrer heutigen Form haben ihre Vorläufer im normalen Internet. Betrüger liessen sich immer wieder neue Vertriebskanäle und Verschleierungsmöglichkeiten einfallen, um fragwürdige Geschäfte zu betreiben. Ende der 1990er-Jahre waren es sogenannte Peer-to-Peer-Netzwerke (P2P), die international für Schlagzeilen sorgten. Über entsprechende Programme gaben sich Nutzer gegenseitig anfänglich Musikdateien, später auch Videos und andere Dateien frei. Wegbereiter war Napster. Innerhalb kurzer Zeit nutzten weltweit 80 Millionen Menschen den Musiktauschdienst. Zeitweise umfasste das monatliche Tauschvolumen gegen zwei Milliarden Musikdateien. Weil bei Napster ein zentraler Rechner die dezentrale Struktur der Nutzer organisierte, hatten die Rechteverwerter der Musikindustrie einen juristischen Ansatz zur Bekämpfung des Gratisverteilers. Napster wurde mit Klagen eingedeckt, das Ende war bald besiegelt. Andere P2P-Dienste übernahmen die Rolle von Napster. Darunter war Limewire, bei dem kein zentraler Rechner mehr für die Organisation der Suchanfrage der Nutzer nötig war. Über diese Tauschbörse wurden nicht nur Musik und Bilder weitergegeben, sondern auch teure Programme – beziehungsweise die dafür nötigen Passwörter – und vor allem pornografische Inhalte. Auch Limewire wurde von der amerikanischen Musikindustrie verklagt und musste sich schliesslich den Auflagen zum Schutz der Urheberrechte beugen. Doch Abspaltungen wie FrostWire und Limewire Pirate Edition führten die P2P-Angebote weiter.

Drogen per Mailingliste

Die ersten Onlinemarktplätze für Drogen tauchten vor 20 Jahren auf – noch bevor es überhaupt den Anonymisierungsbrowser TOR und Kryptowährungen wie Bitcoin gab. Ende der 1990er-Jahre kamen private Mailinglisten auf, die verfügbare Substanzen anonym anboten. Wer Drogen kaufen wollte, musste sich nicht mehr auf der Strasse eindecken, sondern bestellte über das Internet. Kultstatus erreichten damals unter anderem die Mailingliste The Hive oder die Research Chemical Mailing List. Anbieter wie Kunden nahmen für sich in Anspruch, dank der neuen Freiheiten des World Wide Web staatlichen Stellen ein Schnippchen schlagen zu können.

Solche E-Mail-Dienste konnten sich neben den neuen technischen Möglichkeiten im Internet über Jahre halten. Einen florierenden Dienst betrieb ein Anbieter namens Farmer's Market mit seinem «E-Mail-only-Service». Zwischen Januar 2007 und Oktober 2009 verzeichnete der Farmer's Market über 5000 Bestellungen, erzielte einen Umsatz von einer Million Dollar und lieferte in 25 Länder. Auch heute rutschen längst nicht alle Betrüger und Anbieter illegaler Ware ins anonyme Darknet ab. Im klassischen Internet gibt es weiterhin unzählige illegale Onlineshops für pharmazeutische Produkte – vorwiegend für potenzsteigernde Medikamente wie Viagra und Cialis, für Drogen aller Art und andere illegale Produkte. Schon um die Jahrtausendwende wurden Drogen und Medikamente auf ganz normalen Webseiten auf geradezu naive Art angepriesen. Viele Betreiber solcher Seiten nutzten eine Strategie, die heute noch angewendet wird: Sie registrieren ihre Seiten auf entfernten Inselstaaten im Pazifik, womit sie für hiesige Behörden zwar identifizierbar, aber nur schwer zu fassen sind. Die Angebote verschwinden aber meist so schnell, wie sie aufgekommen sind.

Heute werden diese Shops vielfach von Fernost oder Nordamerika aus betrieben. Sie lassen sich immer wieder neue technische Tricks einfallen. In den letzten Jahren haben sie eine neue, besonders dreiste Form gefunden – die aber offensichtlich einträglich ist. Sie kaufen – auch in der Schweiz – systematisch Domainnamen von verstorbenen Personen oder von bankrotten Firmen auf und eröffnen auf diesen Webseiten standardisierte Onlineshops – ohne jeglichen Bezug zum Domainnamen (der meist auf eine Person oder Firma lautet). Einziger Zweck ist es, einen bestehenden, seriös wirkenden Domainnamen mit der Endung «.ch» verwenden zu können. Die Inhaber dieser Seiten selber tragen sich in den öffentlichen Domainnamen-Registern ein. Doch weil die Halter irgendwo in Asien sitzen (z. B. Hongkong), können Schweizer Strafermittler sie praktisch nicht belangen.

Ein anderes Phänomen sind gehackte Webseiten von Feuerwehren, Kindertagesstätten oder gemeinnützigen Vereinen. Auf einer untergeordneten Seite solcher Institutionen «parkieren» die Betrüger Onlineshops oder verlinken auf ausländische Angebote. Offensichtlich suchen die Betrüger Schweizer Webseiten systematisch nach Schwachstellen ab, um auf deren Server ihre Angebote placieren zu können. Opfer eines solchen systematischen Hacks waren in der Vergangenheit beispielsweise die Gemeinde Trubschachen, die Feuerwehr Wiesendangen, der Fachverein Ökonomie der Universität Zürich sowie Dutzende andere Gemeinden, Vereine und Firmen. Alle haben etwas gemeinsam: Ohne ihr Wissen wurde auf ihren Webseiten Potenzmittel wie Viagra feilgeboten. Ein beim Fachverein Ökonomie platzierter Viagraverkauf etwa führte zu einem Postfach in der pakistanischen Provinz Punjab.

Zum Verhängnis wurde diesen Institutionen die oft mangelhafte technische Unterstützung ihrer Computerinfrastruktur. Damit waren sie anfällig für Täter, die mittels Scanprogrammen eine riesige Zahl von Webseiten auf allfällige Schwachstellen überprüft und anschliessend mit ihren fragwürdigen Inhalten infiltriert haben. Diese Technik nutzen nicht nur Anbieter illegaler pharmazeutischer Produkte, sondern auch zwielichtige Anbieter im Bereich der Produktepiraterie. Wer beispielsweise bei Google «Nike billig Schweiz» eingibt, landete zeitweise bei einem Berner Kellertheater. Dahinter steckte ein ausländischer Händler mit mutmasslich gefälschter Ware, der seinen Shop dank schlecht gewarteter Sicherheitseinstellungen auf der Seite des Kellertheaters aufschalten konnte. Der IT-Forensiker Maurizio Tuccillo wirft Betreibern von Websites Nachlässigkeit vor: «Es ist durchaus möglich, sich vor solchen Eindringlingen zu schützen. Administratoren müssen ihre Systeme ständig prüfen und aktualisieren.»

E-Commerce-Revolution

Gehackte Webseiten, fiktive Angebote auf Versteigerungsplattformen, Phishingversuche und Betrugsversuche über Partnervermittlungsportale: Das Internet ist ein Tummelfeld von dubiosen Abzockern, findigen Produktepiraten oder Heiratsschwindlern – genauso wie im realen Leben. Eine ganz andere Dimension hat das Geschäft mit Drogen und illegalen Produkten und Dienstleistungen im Darknet erreicht. Innerhalb von nur sechs Jahren hat sich in diesen anonymen Bereichen des Internets von einer breiten Öffentlichkeit unbemerkt eine wahre E-Commerce-Revolution ereignet. Es geht nicht mehr um einzelne Onlineshops. Entstanden ist eine Vielzahl von Marktplätzen, jeder von ihnen gleicht einer Plattform privater Onlineshops. Diese Marktplätze stellen mit ihrer Software die Infrastruktur zur Verfügung, Tausende bieten darauf unter eigenem Namen Produkte jeglicher Art an und wickeln den Verkauf anonym ab.

Seit vor etwa sechs Jahren die ersten Onlineshops im Darknet aufgeschaltet wurden, hat sich Grundlegendes verändert an den Onlineaktivitäten von Betrügern. Der hohe Grad an Anonymität hat nicht nur Tausende Anbieter von dubiosen Produkten, sondern auch unzählige Käufer von den Vorzügen des TOR-Browsers und den damit erreichbaren Hidden Services überzeugt. Die Szene dürfte riesig sein. 2014 schätzte Jamie Bartlett, britischer Journalist und Direktor des Center for the Analysis of Social Media in London, dass im Darknet rund 40 000 versteckte Services existieren. Heute dürften es wesentlich mehr sein. Viele Angebote sind legal, unzählige sind aber im illegalen Bereich. Etwa 15 Prozent der versteckten Seiten stehen laut Bartlett in Verbindung mit dem Handel von illegalen Drogen. Die Zahl solcher anonymen Seiten dürfte damit in die Tausende gehen. Andere Technologie-Trendforscher bekräftigten diese Erkenntnisse.

Ein Schweizer Pass für 900 Dollar

Der Einstieg als Verkäufer auf einem Darknet-Marktplatz ist verblüffend einfach. Es braucht weder eine aufwendige Computerinfrastruktur noch Programmierkenntnisse. Gegen eine Gebühr (je nach Marktplatz etwa 100 Franken) kann sich jedermann als «Vendor» eintragen und so seine Produkte anbieten. Ähnlich wie auf Ebay oder Ricardo. Weil auf jedem Marktplatz Tausende solcher Vendoren ihre Produkte und Dienstleistungen nach verschiedenen Bereichen ordnen, entstehen praktisch digitale Ladenketten mit einem fast unendlichen Angebot an Produkten. Es reicht von Waffen, gefälschten Markenartikeln, gestohlenen Kreditkarten, gehackten PayPal-Konten bis zu gefälschten Pässen und anderen Identitätsdokumenten aus aller Herren Länder. Ein amerikanischer Führerschein ist für 65 Dollar zu haben, ein angeblich echter Schweizer Pass kostet rund 900 Dollar.

Angeboten werden auch sogenannte Scans. Also im Computer eingelesene Kopien von Pässen, Identitätskarten, Führerausweisen und anderen Dokumenten. Solche Ausweis-Scans kosten nur wenige Franken und haben einen Zweck: Mit ihnen lässt sich im Internet ohne grossen Aufwand eine falsche Identität aufbauen. Sollte ein potenzieller Geschäftspartner nach einem Beleg fragen, kann man immer noch die Ausweiskopie vorlegen.

Nachzeichnen lässt sich eine solche Legendenbildung im Fall von

Kurt B. aus dem zürcherischen Bauma. Seit über zwei Jahren wird von dem 64-Jährigen auf verschiedenen Marktplätzen für wenige Franken eine Kopie seines Passes angeboten. Offensichtlich lässt sich dieser Scan verkaufen. Denn tatsächlich taucht das Bild aus Kurt B.s Ausweis plötzlich anderswo im Internet wieder auf. Anfang 2016 eröffnete ein Unbekannter unter dem Namen des Zürchers ein Facebook-Konto und illustrierte das Profil – unschwer zu erkennen – mit dem Porträtbild aus dem gescannten Pass. Warum jemand mit dem Scan von Kurt B. ein Facebook-Konto illustriert, ist nicht klar. Es weist auch Monate nach dem Start praktisch keine Aktivitäten auf. Allerdings sind in sozialen Medien verschiedene betrügerische Vorgehensweisen bekannt. So werden Fake-Profile bei Facebook gerne für fiktive Partnerschaftsanfragen mit deliktischen Absichten benutzt. Offensichtlich ist aber: Kurt B. hat wahrscheinlich keine Ahnung, dass sein Pass als Scan im Darknet zu kaufen ist. Genauso wenig dürfte ihm bewusst sein, dass jemand unter seinem Namen und mit seinem Bild auf Facebook auftritt. Kurt B. ist inzwischen von Bauma weggezogen; sein Aufenthalt ist nicht bekannt.

Andere beliebte Produkte auf den Marktplätzen im Darknet sind gefälschte Kreditkarten und Zugänge zu gehackten Konten. Beim Händler «Dr.With3» kosten zehn als «verifiziert» angepriesene Paypal-Konten 36 Dollar. Ein anderer preist seine Angebote bereits in seinem Nutzernamen an: Händler «Paypalz» verkauft Paypal-Konten für 400 Dollar und beteuert, sie würden jeweils über eine Bezugslimite von 1600 Dollar verfügen. Wer über E-Mail – zu welchem Zweck auch immer – Massensendungen verschicken möchte, kann sich auf den Marktplätzen günstig mit E-Mail-Adressen eindecken. Händler «Basically» beispielsweise verkauft 150 000 E-Mail-Adressen für 38 Dollar. Offenbar besteht in diesem Bereich eine riesige Nachfrage, anders ist das grenzenlose Angebot kaum zu erklären. Falschgeld wird ebenfalls angeboten: Zehn gefälschte 50-Euro-Noten, die der Anbieter mit den Worten «great hologram feel and color» beschreibt, kosten 8 Dollar.

Auch bei IT-Dienstleistungen ist die Angebotspalette riesig. Sie umfasst gehackte Software, Passwortlisten für teure Programme, fertig programmierte Phishing-Seiten, Hacking-Tools oder auf Kundenbedürfnisse zugeschnittene Malware und Spionageprogramme (Trojaner). Alles Tools für kriminelle Zwecke. Man kann sich auch gleich die Dienstleistung des Hackens kaufen, sogenannte Crime-as-a-Service-Dienste. Unter diesen Bereich fallen auch Angebote für Diffamierungs- und Verleumdungskampagnen, beispielsweise indem einer Zielperson verbotene pornografische Inhalte auf den Computer geladen werden. Geht es um solche Hacking-Dienstleistungen, werden auch die Anbieter diskreter. Wer wissen will, wie teuer es ist, ein E-Mail-Account oder ein Facebook-Konto einer prominenten Person zu hacken, muss sich oft schriftlich bei einem Anbieter erkundigen. Je nach Status der Zielperson variiert der Preis stark. Günstig zu haben sind hingegen E-Mail-Bomben. Bereits für 10 Franken gibt es ein Programm, das unliebsame Zeitgenossen so lange mit Hunderten von E-Mails bombardiert, bis deren Mailserver kollabiert.

Die Macht der Kundenbewertungen

Von ihren Funktionen her erinnern die Marktplätze an klassische E-Commerce-Lösungen. Eine Kernfunktion dabei: Interessierte Kunden können jeweils überprüfen, wie aktiv ein Verkäufer ist, wann er wie viele Bestellungen ausführte und wie viele zufriedene Kunden sich mit welchen der angebotenen Produkte und Dienstleistungen eingedeckt haben. Die Kunden schreiben dabei pointiert über positive Leistungen von Verkäufern, aber auch über ihre negativen Erfahrungen. Dem Schweizer Händler «Josef» hinterlässt ein Kunde nach dem Kauf von 5 Gramm Cannabis für 60 Dollar folgenden Kommentar: «Top Ware, wie das letzte Mal. Und superschnell geliefert und professionell verpackt.» Und ein anderer Käufer, der bei «Josef» Amphetamin für

400 Dollar gekauft hat: «Vielen Dank für deinen Superservice.» Geradezu euphorisiert fügt er an: «Deine Ware ist die beste, die man momentan auf dem Markt bekommen kann. Man merkt, dass kein Koffein drin ist. Auch bei höheren Dosen bleibt man innerlich ruhig. Keine Rastlosigkeit oder Krämpfe. Zudem war die Bestellung wieder nach einem Tag da.»

Negative Bewertungen setzen die Anbieter unter Druck. Sie müssen sich erklären, manchmal versuchen sie, den Imageschaden in Grenzen zu halten und begründen eine falsch erfolgte Lieferung mit einem Irrtum. Werden Vendoren mehrfach kritisiert, führt dies rasch zum Ende. Die Händlernamen tauchen im Forum auf der Liste der möglichen Betrüger auf, dies ist in der Regel das Ende ihrer Verkäuferkarriere. In diesen Foren tauschen sich die Kunden auch gegenseitig über ihre negativen Erfahrungen aus – und warnen sich so vor Betrügern. So schrieb ein Nutzer im Forum von Nucleus: «Achtung, hier auf dem Marktplatz ist ein Betrug im Gang. Ich habe soeben für 50 Pfund Bitcoins auf meine Wallet überwiesen, fünf Minuten später wurde der Betrag an ein mir nicht bekanntes Bitcoin-Konto weitergeleitet. Der Administrator der Plattform antwortet nicht.» Wenige Tage später war Nucleus nicht mehr erreichbar.

Radioaktive Stoffe, Erpressungen, Auftragsprügler

Viele Angebote erscheinen als Kuriositäten, doch offensichtlich gibt es auch in diesen Bereichen eine Nachfrage: Beliebt scheinen Produkte, die im freien Verkauf stark beschränkt oder je nach Land verboten sind – beispielsweise starke Laserpointer oder Elektronikimpulswaffen (sogenannte Teaser). Solche nicht tödliche Waffen, die auch von der Polizei zur Selbstverteidigung eingesetzt werden, sind auf den Marktplätzen des Darknets als Zigarettenschachtel oder als iPhone getarnt zu kaufen. Andere, teils fragwürdige Produkte richten sich allerdings an eine spezielle Klientel. So etwa das Angebot von Händler «Felix», der auf dem Marktplatz «Nucleus» radioaktives Polonium 210 anbot. Dieser Stoff an sich ist keine Gefahr. Gelangen die Isotope aber in den menschlichen Körper, entfalten bereits geringste Mengen Polonium eine zerstörerische Wirkung. Damit ist auch das Einsatzgebiet dieses Stoffes klar: als Waffe. In mehreren international aufsehenerregenden Fällen wurde Polonium als tödliches Gift eingesetzt. So starb vor zehn Jahren der frühere russische Spion Alexander Litwinenko, der sich nach London abgesetzt hatte, einen qualvollen Tod. Bei ihm wurde schliesslich Polonium-210 nachgewiesen. Auch beim Palästinenserführer Jassir Arafat geht man heute davon aus, dass das Gift zu seinem Tod geführt hat. Schweizer Wissenschaftler wiesen Poloniumspuren in seinem Körper nach, die massiv über dem Normalwert lagen.

Die Abgründe liegen tief auf den anonymen Marktplätzen des Darknets: Gifte, Waffen, Sprengstoff, Anleitungen zum Bombenbau. Das Angebot scheint grenzenlos. Immer wieder machten in den letzten Jahren Angebote von Auftragsmördern die Runde. Ob sie echt sind, ist nicht immer klar. Je verwerflicher die Angebote, desto höher die Wahrscheinlichkeit, dass es sich lediglich um Pseudoangebote handelt, sogenannte Trolle. Verschiedene Experten kommen zum Schluss, dass die Zahl solcher Trolle erstaunlich hoch ist. Dies allerdings kann nicht darüber hinwegtäuschen, dass gleichzeitig viele der fragwürdigen Inhalte tatsächlich existieren – und offenbar eine Nachfrage danach besteht. Beispielsweise beim deutschen Händler «CreditMaster00», der seine Dienste im Januar 2017 so anpreist: «We are arm vendors from Germany specialized in selling guns. Clean guns never used and untraceable.» Im Angebot hat er unter anderem SIG-Sauer-Pistolen, die er innerhalb von sieben Tagen an jedermann irgendwo auf der Welt liefern könne. Ein Waffenschein ist hier selbstredend kein Thema. Kostenpunkt: 750 Dollar. Das automatische Feedbackformular zeigt, dass er zwischen Oktober 2016 und Januar 2017 zehn Pistolen verkauft und noch drei weitere im Angebot hat.

Um sich von unseriösen und fragwürdigen Inhalten zu distanzieren, veröffentlichen mehrere Handelsplätze eigene Verhaltensrichtlinien. Diese klingen zwar gut, doch wie ernst es den Marktplatzbetreibern mit ihren Grundsätzen ist, ist nicht klar. Sie verdienen einen Grossteil der Kommissionen mit verbotenen Produkten wie Drogen und rezeptpflichtigen Medikamenten. Wer sich in diesem Umfeld mit schönen Worten von anderen verbotenen Handelswaren distanziert, bleibt fragwürdig. Der Marktplatz Agora, in den letzten zwei Jahren zeitweise die Nummer eins (bezogen auf die Anzahl Angebote), distanzierte sich beispielsweise in seinen Richtlinien mit markigen Worten vom Handel mit Waffen oder Kinderpornografie. Über allfällige Verstösse sagen die Agora-Verantwortlichen aber nichts. Die Richtlinien bedeuten nicht, dass die Angebote auch tatsächlich kontrolliert werden.

Ähnlich klingt es bei AlphaBay: «Prostitution, child porn and murder services are not permitted.» Solchen seriös anmutenden Geschäftsrichtlinien zum Trotz: Die Liste der abartigen Angebote ist lang – und an verwerflichen Ideen kaum zu überbieten, wie Vincenzo Ciancaglini vom japanischen IT-Sicherheitskonzern Trend Micro in der Analyse «Exploring the Deep Web» festhielt. Der Anbieter «C'thulhu» beispielsweise verkaufte zeitweise Einschüchterungen und Anschläge auf Menschen, der Preis orientierte sich an der Art des Angriffs. Eine unbekannte Person («Low Rank») zu verprügeln, kostete 3000 Dollar. Handelte es sich aber um eine Person der Kategorie «High Rank and Political», stieg der Preis auf 18 000 Dollar.

Ähnlich die Preisabstufung in der Kategorie Vergewaltigung. Hier war der Preis nicht nur davon abhängig, ob die Zielperson «Low Rank», «Medium Rank» oder «High Rank and Political» war. Für den Preis entscheidend war auch das Alter einer Zielperson. Eine Vergewaltigung an einer minderjährigen Person, die gleichzeitig gesellschaftlich angesehen sei, wurde mit 84 000 Dollar angegeben. Auf Wunsch konnten bei einer Zielperson auch bleibende Körperschäden verursacht werden, der

Preis orientierte sich ebenfalls an der Wichtigkeit einer Person und lag zwischen 30 000 («Low Ranking») und 120 000 Dollar («High Ranking and Political»). Einen Auftragsmord, dargestellt als Unfall mit Todesfolgen, bot der Dienst zum Preis von 75 000 bis 300 000 Dollar an. Ob der Anbieter tatsächlich solche Aufträge ausgeführt hat, lässt sich nicht eruieren.

Ein anderes Angebot, bei dem ebenfalls nicht klar ist, inwiefern es tatsächlich existierte, hiess «Dead Pool». Der Service nannte sich «Crowdsourced Assassination». Dabei konnte jedermann Namen von Zielpersonen vorschlagen, auf die ein Anschlag verübt werden sollte. Anschliessend konnten Nutzer der Plattform in Bitcoin ein Angebot auf eine der aufgeführten Personen einbezahlen (deshalb der Name «Dead Pool»), worauf potenzielle Attentäter – anonym – die Art des Todes nennen und einen Zeitpunkt des Anschlags angeben sollten. Würde der Anschlag ausgeführt, würde der Attentäter die einbezahlte Summe einstecken. Bei «Dead Pool» wurden zwar tatsächlich Zielpersonen für einen Anschlag aufgeführt. Gemäss einer Untersuchung von Usenix, der Vereinigung der Betriebssystementwickler, wurden aber bei «Dead Pool» keine finanziellen Angebote zur Eliminierung von unliebsamen Personen eingereicht. Am häufigsten genannt wurde der damalige US-Präsident Barack Obama.

Frei zugängliche Drogen und Medikamente

Solche fragwürdigen Angebote werden in Medien oft als Inbegriff des Darknets dargestellt. In Wahrheit sind sie die absolute Ausnahme. Auf neun Markplätzen, die im Rahmen einer Untersuchung analysiert wurden,[8] dominieren klar die Anzahl Angebote im Bereich Drogen und Medikamente. AlphaBay, die zurzeit führende Schwarzmarktplattform, listet Verkaufsanzeigen in zwölf verschiedenen Kategorien auf. Die allermeisten Angebote sind auch hier in der Sparte Drogen und Medika-

mente aufgelistet; fünfmal mehr als der Bereich Betrug, der die zweit-
höchste Anzahl an Verkaufsanzeigen aufweist (s. Tabelle).[9]

Kategorie	Anzahl Angebote
Fraud	37 475
Drug & Chemicals	202 466
Guides & Tutorials	13 273
Counterfeit Items	7 296
Digital Products	15 305
Jewels & Gold	1 578
Weapons	3 538
Carded Items	3 539
Services	6 995
Other Listings	3 416
Software & Malware	2 759
Security & Hosting	702

In der Kategorie Drogen und Medikamente dominieren auf den meisten Marktplätzen Cannabis, Kokain, Ecstasy sowie andere synthetische
Drogen. Gleichzeitig gibt es ein riesiges Angebot an rezeptpflichtigen
Medikamenten wie Ritalin, Valium und anderen Beruhigungsmitteln
sowie psychopharmakologischen Substanzen, die in der Party- und Dro-

genszene oft kombiniert eingenommen werden. Angeboten werden ausserdem Dopingsubstanzen wie anabole Steroide (s. Kapitel 7, S. 92).

Für Konsumenten solcher Substanzen ist der Weg in die versteckten digitalen Supermärkte erstaunlich einfach. Nutzer benötigen keine technischen Vorkenntnisse, der Zugang ist wenige Klicks entfernt. Einzige Voraussetzung ist der Browser von TOR, mit dem man sich anonym durchs Netz bewegt. Über Verzeichnisse und eigentliche Nachschlagewerke, die sich im normalen Internet finden, navigieren Besucher innerhalb weniger Minuten zu den anonymen Marktplätzen (s. a. Kapitel 6, S. 82). Dort braucht man sich nur noch mit einem Pseudonym zu registrieren. Meist muss man neben einem Passwort noch einen PIN-Code eingeben, der später für die auf den Marktplätzen integrierte Bitcoin-Wallet benutzt wird. Einziger Unterschied zum Einkauf bei klassischen Onlineshops: Beim Anmeldevorgang müssen Kunden in aller Regel auch einen Captcha-Code eingeben.[10] Anschliessend ist der Weg frei in die grenzenlose Welt des illegalen Handels. Einige Plattformen fördern das Image eines düsteren, verruchten Orts, indem sie den Zugang vordergründig geheimnisvoll einschränken. Zutritt gibt es nur auf Empfehlung (Einladung). Doch mit wenigen Klicks ist man auch in solchen Fällen dabei. Denn die auf solchen Plattformen aktiven Händler haben alles Interesse, ihren potenziellen Kunden den Weg zum Angebot zu ebnen, und deponieren die Einladungslinks freigiebig in den parallel betriebenen Diskussionsforen.

Der Bestellvorgang gleicht dem Ablauf klassischer E-Commerce-Plattformen. Im Warenkorb befinden sich die Artikel, von da geht es zur Kasse. Über die integrierte Bitcoin-Wallet wird der offene Betrag beglichen, die Summe ist neben Bitcoin auch in Dollar, britischen Pfund und/oder Euro angegeben. Bei der Lieferadresse ist es an den Kunden, auf ihre Anonymität zu achten. Verschiedene Händler empfehlen, einen Phantasienamen anzugeben und eine c/o-Adresse zu hinterlassen. Ein provisorisches Namensschild am Briefkasten gewährleistet die Lieferung. Geliefert werden die Waren frei Haus. Damit müssen Käufer von illegalen Substanzen – im Vergleich zum Kauf auf der Strasse oder in der Partyszene – kaum mit juristischen Konsequenzen rechnen. Wer sich über diese Marktplätze mit Drogen und rezeptpflichtigen Medikamenten eindeckt, setzt sich nur einem sehr geringen Risiko aus. Für Händler wie «Edelweiss», die sich in der Schweiz befinden, besteht nicht einmal das Risiko einer Stichkontrolle am Zoll (s. Kapitel 7, S. 125).

6

So kundenfreund-
lich sind Darknet-
Marktplätze

Die Innovation von Silk Road prägt die Marktplätze im Darknet bis heute. Verkäufer müssen sich weder um eine eigene Webseite kümmern (Hosting) noch über Programmierkenntnisse verfügen. Jeder Verkäufer wird mit seiner Produktpalette auf dem Marktplatz de facto zum eigenen Shop. Der Marktplatz selber wird durch die Vielzahl an Händlern zu einer richtigen digitalen Ladenkette. Im Aufbau und mit den angebotenen Funktionen orientieren sich die verschiedenen Handelsplätze nach wie vor an der ursprünglichen Version von Silk Road. Sie zeichnen sich aus durch eine einfache, klare und nüchterne Benutzerführung. Sie unterscheiden sich primär optisch – und natürlich im Angebot. Alle Marktplätze haben eines gemeinsam: Sie sind äusserst nutzerfreundlich – sowohl aus Kunden- als auch aus Händlersicht.

Auf der Seite findet sich in der Regel ein einfaches Suchfeld sowie die grundsätzliche Unterscheidung in Shop bzw. Forum. Alle Marktplätze verfügen über ein Forum. Hier tauschen sich Verkäufer und Käufer über unliebsame Marktteilnehmer aus. Wer als Verkäufer mehrfach die Ware nicht liefert, wird als unseriös – oder sogar als Scamer[11] – an den Pranger gestellt. Und wer als Käufer die bestellte Ware nicht bezahlt, muss damit rechnen, dass Verkäufer vor ihm warnen. Im Forum tauschen sich Nutzer auch aus über ihre Erfahrungen mit dem Zoll, mit der Annahme von Paketen, spekulieren über bevorstehende Polizeiaktionen und fachsimpeln über die Qualität von Drogen.

Aus der Sicht der Kunden

Die Darknet-Märkte arbeiten mit ähnlichen Symbolen wie herkömmliche Onlineshops. Dazu gehört etwa der Einkaufskorb (Einkaufswagen-Symbol). Hier erscheinen die vorgemerkten, aber noch nicht bezahlten Produkte. Die Marktplätze verfügen in der Regel auch über einen Privat-Messaging-Dienst (Kuvert-Symbol). Über diese Funktion kann man als Käufer unkompliziert mit einem Verkäufer in Kontakt treten – natürlich anonym. In einem Selbstversuch antwortete ein Anbieter von Medikamenten auf eine Anfrage nach einer grösseren Menge Ritalin postwendend. Er gab auch gleich an, woher er seine Chargen bezieht. Sein «Labor» befinde sich auf den Philippinen, deshalb benötige die Lieferung eine gewisse Zeit.

Für die Abwicklung der Einkäufe verfügt jeder Marktplatz über eine Wallet, ein persönliches elektronisches Portemonnaie. Je nach Shop wird auch nur das Bitcoinsymbol «B» verwendet. Wer einkaufen will, muss vorgängig sein Portemonnaie «aufladen», also Bitcoins von seiner persönlichen Wallet (z. B. auf dem Computer gespeichert) auf diese Wallet überweisen. Mit dieser Brieftasche kann ein Nutzer Beträge irgendwohin überweisen, also auch wieder auf sein eigenes Portemonnaie ausserhalb des Shops. Aus Sicherheitsgründen empfehlen Plattformbetreiber, hier nur so viel Geld zu speichern, wie unmittelbar für aktuelle Transaktionen benötigt wird.

Bei der Wallet ist jeweils auch der aktuelle Bitcoin-Kurs – gemessen an verschiedenen Währungen – verzeichnet. Beim Kauf wird der Betrag der eigenen elektronischen Geldbörse belastet, dem Verkäufer wird der Betrag gutgeschrieben. Verschiedene Händler bieten zwei Arten von Bezahlablauf an: «Finalize Early» und «Escrow Service». Mit der Funktion «Finalize Early» wird der Betrag unmittelbar mit der Bestellung überwiesen. Der Händler bearbeitet die Bestellung, sobald der Betrag auf seiner Wallet gutgeschrieben ist. Inzwischen bietet aber eine Vielzahl von Händlern die aus Kundensicht wichtige Funktion des Escrow-Service an. Hier erfolgt die Zahlung auf eine Art Sperrkonto; der Betrag wird dem Händler quasi mit Vorbehalt gutgeschrieben. Sobald die Ware eingetroffen ist, kann der Kunde den Betrag freigeben – oder er muss einen triftigen Grund liefern, weshalb er das nicht tut. Wird der deponierte Betrag ohne Angabe von Gründen nach einer gewissen Frist (z. B. neun Tagen) nicht freigegeben, kann der Verkäufer trotzdem über den Betrag verfügen.

Auch wenn die Produkte in Bitcoin bezahlt werden, sind mehrere Plattformen dazu übergegangen, die Produktpreise auch in Dollar, Euro oder dem britischen Pfund anzugeben. Gleichzeitig bieten viele Marktplätze eine Ländereinschränkung. Weil verschiedene Anbieter nur in bestimmte Länder liefern (oder bestimmte Länder von einer Lieferung ausschliessen), kann ein Käufer hier sein Zielland aussuchen bzw. eine Vorselektion der Lieferanten treffen. Viele Käufer wollen – um eine mögliche Kontrolle am Zoll auszuschliessen – nur Verkäufer berücksichtigen, die aus dem gleichen Land versenden, wie sie ansässig sind.

Praktisch vereinheitlicht haben sich die Produktkategorien. Sie befinden sich einheitlich auf der linken Seite der Bildschirmfläche, selbst die Reihenfolge der Kategorien und die darin aufgeführten Produkte und Dienstleistungen sind mehrheitlich identisch aufgebaut.

Die wichtigsten Produktkategorien:

- Drugs (weiche, harte Drogen, pharmazeutische Produkte, Opiate, Anabolika usw.)
- Alcohol
- All other things (allerlei kuriose Dienstleistungen wie Privatermittlungen, Denunziation, PR-Spin usw.)
- Apparel (Designkleider)
- Bitcoin (An- und Verkauf von Bitcoin)
- Books
- Computer Equipment
- Counterfeits (Identitätsdokumente/Pässe)

- Cryptocurrency (Software für Bitcoin-Mining)
- Custom Orders
- Digital Goods
- Drug paraphernalia (Zubehör für Drogen)
- Money (Paypal, Kreditkarten, Western Union usw.)
- sowie: E-Books, Electronics, Erotica, Jewelry, Telephones, Tobacco, Surveillance Equipement, Services (Hacking, Smuggling usw.), Relicts and Artifacts, Precious Metals (Edelmetalle), Precious Gemstones (Edelsteine), Waffen usw.

Bei den analysierten Marktplätzen listet die Kategorie Drugs mit Abstand am meisten Angebote auf (s. Kapitel 5, S. 70). Eingeteilt sind hier die Produkte in knapp ein Dutzend Unterkategorien, jeweils versehen mit der Zahl der aufgeführten Angebote. Diese Struktur, die sich über verschiedene Marktplätze hinweg durchgesetzt hat, ist bis heute praktisch identisch mit derjenigen des ursprünglichen Marktplatzes von Silk Road.

Käufer finden sich damit einfach zurecht – egal auf welcher Plattform sie sich gerade befinden. Die Produkte sind in folgende Unterkategorien eingeteilt:

- Cannabis
- Benzos (Medikamente aus der Gruppe der Benzodiazepine; ausgeprägte hypnotische und antikonvulsive Eigenschaften, z. B. zur Behandlung von Schlafstörungen; u. a. Betäubungsmittel wie Valium, Temesta)
- Dissociatives (Medikamente mit psychotropischen Substanzen, die eine dissoziative Wirkung entfalten; z. B. DXM, Ketamin, MXE, Lachgas, PCP)
- Ecstasy
- Opioids (Heroin, Opium sowie klassische Betäubungsmittel wie Valium, Morphium, Tramadol, Fentanyl usw.)

- Prescription (verschreibungspflichtige Medikamente aller Art, z. B. Oxycodone usw.)
- Psychedelics (halluzinogene Stoffe wie LSD, Psylocybine usw.)
- Steroids (z. B. Anabolika, Testosterone wie Sustanon, Anvar, Cypiobolix, Rimobolan usw.)
- Stimulants (z. B. Ritalin oder Aufputschmittel wie Kokain, Meth, Speed usw.)

Aus der Sicht der Verkäufer

Wer sich auf einem Handelsplatz als sogenannter Vendor eintragen will (um Produkte zu verkaufen), muss dem Plattformbetreiber eine Anmeldegebühr bezahlen. Die Höhe dieser Gebühr ist unterschiedlich. Bei Nucleus, 2015 zeitweise Marktführer, inzwischen aber stillgelegt, bezahlte ein Vendor rund 250 Franken, bei Abraxas sind es rund 100 Franken, AlphaBay verlangte Anfang 2017 200 Dollar. Der Cannabishändler «Edelweiss» betrachtet diese Beträge als «Depot»: «Wenn ich meinen Account auflöse und keinen Stress hatte, kriege ich das Depot zurück.» Gleichzeitig liefert ein Verkäufer dem Marktplatzbetreiber mit jedem verkauften Produkt eine Gebühr ab. Durchgesetzt haben sich 5 Prozent pro ausgeführtem Trade.

Die Höhe der Gebühren richtet sich offenbar nach den Zusatzfunktionen eines Marktplatzes. «Edelweiss» spricht diesbezüglich gerne von Custom-Angeboten. Darunter ist etwa zu verstehen, dass ein Marktplatz auch versteckte Angebote zulässt. Also bei Produkten, die auf dem Marktplatz gar nicht aufgelistet sind und als Link direkt einem Interessenten verschickt werden können. Dies kommt etwa dann vor, wenn ein potenzieller Kunde eine andere Menge fordert, als im Angebot erwähnt ist oder wenn der Verkäufer Rabatte gewähren möchte. Dazu können Verkäufer ein Zubrot verdienen, in dem sie neue Verkäufer auf die Plattform bringen. Wenn ein neuer Händler den Vermittler angibt, kassiert dieser von sämtlichen künftigen Verkäufen des neuen Vendors 20 Prozent der Gebühr, die dieser der Plattform entrichten muss. «Da läppert sich einiges zusammen, ohne dass ich etwas dafür tun muss», sagt «Edelweiss».

Ähnlich wie bei klassischen E-Commerce-Lösungen können Käufer nach Erhalt der bestellten Ware den Service ihres Verkäufers bewerten. Auch wenn vermutlich das eine oder andere Lob aus dem Bekanntenkreis der Händler stammen dürfte und deshalb relativiert werden muss, gibt diese Funktion anderen Kunden doch gewisse Hinweise, etwa hinsichtlich der Lieferfrist oder der Verpackung. Es gibt auch Marktteilnehmer, die überzeugt sind, dass sich das Bewertungssystem direkt auf die Qualität der Produkte niederschlägt. Darauf angesprochen, sagt ein Medikamentenhändler aus der Schweiz: «Im Darknet bekommt man in der Regel eine deutlich bessere Qualität als auf der Strasse.» Der Händler spricht dabei nicht die Medikamente an, sondern Drogen allgemein. «Verkauft ein Vendor minderwertige Ware, wird er sich auf dem Markt nicht lange halten können. Die Kunden wollen Qualität und sind bereit, dafür auch etwas zu zahlen.» Dieser Effekt wirkt sich auch auf die Käuferschaft aus, davon ist Cannabis-Händler «Edelweiss» überzeugt: «Wenn man die Versorgungssicherheit und die Qualität aufrechterhalten kann, müssten sich Menschen nicht mehr bei dubiosen Händlern versorgen.»

Stellenwert der anonymen Kommunikation

Je besser die Kommunikation, desto erfolgreicher funktioniert auch der Markt. Das gilt auch im Darknet. Die meisten Verkäufer listen in ihren Profilen – ähnlich einer Visitenkarte – die Möglichkeiten auf, um mit ihnen in Kontakt zu treten. Wichtigster Punkt ist die Gewährleistung der Anonymität. Inzwischen ist es Standard, dass Verkäufer in ihrem Profil ihren öffentlichen PGP-Schlüssel anfügen, damit jedermann verschlüsselt mit ihnen E-Mails austauschen kann.

Das sind die wichtigsten – von Handelsplätzen unabhängigen – Kommunikationskanäle:

- PM (Private Messages): ein direkt mit dem eigenen Profil verknüpfter Messengerdienst. Eignet sich für gezielte Fragen an Verkäufer.
- Foren: Käufer posten Fragen zu Produkten. Dieser Kanal eignet sich für den Austausch unter Kunden, also für Tipps und Tricks – und zur Selbstdarstellung.
- Bitmessage: ein verschlüsselter Messengerdienst, ähnlich wie E-Mail. Er basiert auf einem Programm, das vom Betriebssystem unabhängig funktioniert.
- Torchat: ein Chatdienst. Zur Übermittlung der Nachrichten müssen beide Parteien gleichzeitig online sein.
- Jabber: Instantmessage-Dienst. Dieser gleicht den klassischen Chatprogrammen wie z. B. ICQ.
- TOR-Mail: verschiedene E-Mail-Dienste (ähnlich wie Hotmail, gmx usw., die aber nur über das TOR-Netzwerk erreichbar sind. Beliebte Anbieter sind Sigaint oder Hidemyass.

Dienstleister im Darknet

Google ist für die Suche auf Webseiten mit der Endung .onion, also die Hidden Services, nutzlos. Eine wichtige Funktion haben Linklisten, die an die Suchverzeichnisse aus den Anfängen des Internets erinnern (Yahoo, Northernlights usw.) und die im normalen Internet zu finden sind. Das wichtigste Verzeichnis ist das «Hidden Wiki», das in der originalen Version nur im Darknet erreichbar ist und dessen .onion-Link immer wieder wechselt. Das Hidden Wiki ist die wohl umfassendste Sammlung von Angeboten im Darknet und listet unzählige solcher Hidden Services auf. Hier sind nicht nur die anonymen Marktplätze sowie die dubiosen Angebote für ein Nischenpublikum aufgelistet (z. B.

Waffen, Pornografie), sondern auch seriöse Seiten von Menschenrechtsaktivisten, Journalisten und Bloggern aus Staaten mit eingeschränkter
Nutzung des Internets. Aufgelistet sind auch Angebote zur verschlüsselten Kommunikation (z. B. anonymisierte oder nur einmalig nutzbare
E-Mail-Dienste). Im Internet kursieren ausserdem unzählige Linklisten,
die das originale Hidden Wiki imitieren und diesen Namen für eigene
(PR-)Zwecke nutzen. Mit der eigentlichen Idee – eine Liste für versteckte Dienste im TOR-Netzwerk zu sein – haben diese Listen aber
nichts mehr gemeinsam.

Heute haben sich im offenen Internet richtiggehende Informations-
plattformen zum Darknet etabliert. Darunter sind etwa Deep.Dot.Web
und Dark Net Stats. Beide listen die am stärksten frequentierten Marktplätze des Darknets auf und informieren zeitnah über nicht funktionierende Links und technische Störungen. Ebenfalls im normalen Internet
finden sich Anleitungen zur Installation von Bitcoin-Geldbörsen, Ver-
schlüsselungssoftware und Messaging-Diensten usw.

Grams, Google des Darknets

Weil Google im Darknet nicht funktioniert (also auf .onion-Seiten),
haben sich hier eigene Suchmaschinen etabliert. Die wichtigsten sind
Grams, Not Evil, Torch, Ahmia und DuckDuckGo.

Die optische Ähnlichkeit mit Google ist kein Zufall. Grams kopiert
die Funktionsweise von Google in mehreren Bereichen. So können Verkäufer ähnlich wie bei Google + ein Kurzporträt mit Angaben zu ihren
bevorzugten Marktplätzen veröffentlichen. Zudem verkauft die Suchmaschine den Vendoren – analog zu Google AddWords – Suchresultate
und Werbung («TorAds»). Für die allgemeine Suche im Darknet taugt
Grams aber nicht. Der Dienst sucht Begriffe lediglich auf den wichtigsten Marktplätzen und ist so zur Drogensuchmaschine geworden. Parallel dazu bietet Grams einen eigenen Dienst namens Helix an. Helix ist

ein sogenannter Bitcoin-Cleaner, der durch eine komplizierte Kette von Überweisungen die Herkunft von Bitcoin-Zahlungen verschleiert. Besonders die Kombination von Werbevermarktung und Bitcoin-Anonymisierung scheint es den Verkäufern angetan zu haben. So sagt Hanfhändler «Edelweiss»: «Grams ist das Google des Darknets und eine der grössten Bitcoin-Laundrys.»

Die Suchmaschinen Ahmia und Not Evil sind im Vergleich zu Grams offener und finden die gewünschten Suchbegriffe nicht nur auf den anonymen Marktplätzen, sondern auch auf den Hidden Sites. Ähnlich aufgebaut ist Torch. Sowohl bei Not Evil als auch bei Torch sind die Suchresultate nicht über alle Zweifel erhaben. Anders als Grams, Not Evil und Torch funktioniert DuckDuckGo. Der Dienst ist vor allem für User nützlich, die mit dem TOR-Browser im normalen Internet anonyme Suchanfragen stellen wollen. DuckDuckGo hat sich aber auch einen Namen gemacht für Benutzer, die mit herkömmlichen Browsern wie Firefox, Safari oder Chrom durchs Internet navigieren. Die Suchergebnisse sind teils wenig nachvollziehbar, und der Dienst stellt für die konventionelle Benutzung des Internets nur beschränkt eine Alternative zu Google dar.

7

Verkaufsknüller Drogen und illegale Medikamente

Drogen und Medikamente sind im Darknet Handelsware Nummer eins. Kein Wunder, sind doch die Kunden oftmals dieselben. Verschiedene Arzneimittel werden auch in der Drogenszene verwendet. So werden Psychopharmaka und Opiate als Ersatzdrogen konsumiert oder eingenommen, um die Wirkung von Drogen zu verstärken. Auf den grössten Plattformen existiert ein grenzenloses Angebot an harten Drogen wie Heroin, Kokain, Speed und Ecstasy. Kleinmengen, Grosspackungen, Waren asiatischer Herkunft, europäische Produktion, Schweizer Inlandvertrieb. Unter dem englischen Begriff «Drugs» sind auch pharmazeutische Produkte zu verstehen, insbesondere rezeptpflichtige Medikamente sowie Dopingsubstanzen. Weil der Import und Handel rezeptpflichtiger Medikamente – auch von Dopingsubstanzen – bewilligungspflichtig ist, machen sich – theoretisch – alle Akteure der gesamten Handelskette strafbar – vom Konsumenten bis zum Anbieter der Marktplätze und der Verkaufsplattform.

Import eines Monatsbedarfs ist zulässig

In der Schweiz ist gemäss Bundesgesetz über Arzneimittel und Medizinprodukte sowie die Arzneimittel-Bewilligungsverordnung sämtlicher Import von Arzneimitteln illegal, der einen Monatsbedarf übersteigt. Betäubungsmittel, also Schlaf- und Beruhigungsmittel sowie starke Schmerzmittel, dürfen nur eingeführt werden, wenn der Sendung ein Rezept eines Schweizer Arztes beiliegt. In der Schweiz ist ausserdem gemäss Bundesgesetz über Arzneimittel und Medizinprodukte der Versandhandel von Arzneimitteln grundsätzlich verboten. Unter bestimmten Voraussetzungen kann die Aufsichtsbehörde allerdings Ausnahmen bewilligen. Diesen Grundsatz hat das Bundesgericht jüngst bestätigt. Im Fall der Versandapotheke Zur Rose kam es zum Schluss, dass beim Versandhandel auch für nicht rezeptpflichtige Medikamente eine ärztliche Verschreibung vorliegen muss.[12] Dadurch entsteht die absurde Situation, dass es zulässig ist, nicht rezeptpflichtige Medikamente zu importieren, solange die Menge einen Monatsbedarf nicht übersteigt und nur für den Eigenbedarf bestimmt ist. Doch die rechtliche Ausgangslage ist in der Schweiz klar: Wer ein Arzneimittel importiert, vertreibt oder exportiert, muss von Swissmedic zugelassen sein.

Ähnlich ist die Situation bei Dopingsubstanzen. Strafrechtlich gesehen ist der Handel mit Doping verboten, der Eigenbedarf aber toleriert.[13] Handelt es sich aber bei den Empfängern von importierten Dopingsubstanzen um lizenzierte Sportler, dann eröffnet Antidoping Schweiz ein Verwaltungsverfahren gemäss Sportförderungsgesetz. Marco Steiner, Leiter der Sektion Kontrollen, Ermittlungen und Wissenschaft bei Antidoping Schweiz erklärt: «Verwaltungsrechtlich herrscht Nulltoleranz.»

Die Marktplätze im Darknet haben innerhalb weniger Jahre komplett neue Vertriebskanäle für den illegalen Handel mit Arzneimitteln hervorgebracht. In den letzten zehn Jahren hat sich der illegale Handel mit (rezeptpflichtigen) Arzneimitteln durch den Onlinehandel bereits massiv verändert. Fachleute sprechen von einer eindrücklichen Zunahme und führen dies nicht zuletzt auf die Tatsache zurück, dass Betrüger beim Handel mit – gestohlenen oder gefälschten – Medikamenten eine bedeutend höhere Marge erwirtschaften als mit dem Handel von Drogen (s. S. 99). Dazu kommt, dass – nicht nur in der Schweiz – die Wahrscheinlichkeit, dabei erwischt und juristisch zur Rechenschaft gezogen zu werden, relativ gering ist. So ist es wenig erstaunlich, dass der Handel mit gefälschten oder aus der Produktion abgezweigten Medikamenten nicht abschätzbare Dimensionen angenommen hat. Interpol schätzt den weltweiten jährlichen Umsatz des illegalen Medikamentenhandels auf 431 Milliarden Dollar.

Dass das Internet beim Vertrieb der gefälschten Medikamente zentral ist, zeigt eine Interpol-Aktion von 2014. Damals konnte ein Handelsnetzwerk stillgelegt werden, das sich auf 111 Länder verteilte. 237 Personen wurden damals festgenommen und Medikamente im Wert von 26,4 Millionen Euro beschlagnahmt. Unter den Arzneimitteln waren Schlankheitspillen, Krebsmedikamente, Potenzmittel und Erkältungsarzneien. Bei der gross angelegten Aktion konnte Interpol immerhin 10 600 Internetseiten schliessen. Kein Thema waren bei dieser Aktion die Marktplätze im Darknet. Die von Interpol aus dem Verkehr gezogenen Webseiten waren allesamt im normalen Internet aufgeschaltet.

Shops im normalen Netz, aber verschleiert

Für gewisse pharmazeutische Produkte – vor allen Potenzmittel – besteht offenbar eine derart hohe Nachfrage, dass die Anbieter sich nicht einmal die Mühe machen, einen Shop im für sie viel geschützteren Darknet aufzubauen. Sie agieren völlig unbekümmert mit normalen Webseiten im Internet. Um den Strafverfolgern das Leben schwer zu machen, registrieren sie ihre Onlineshops zur Verschleierung in entfernten Inselstaaten und verstecken sich hinter Strohfirmen, die sie in Fernost domizilieren. Bis ein solches Onlineangebot nur schon in den Fokus der Ermittler rückt, ist der Shop längst weitergezogen. Rechtshilfegesuche werden in solchen Fällen zu hoffnungslosen Unterfangen.

Das Darknet dient dubiosen Medikamentenhändlern offensichtlich als ideale Ergänzung zum offenen Internet. Hier werden spezifischere Produkte angeboten als nur die von Kunden gewünschte Massenware. Viagra, Cialis und ähnliche Präparate sind im Darknet nur vereinzelt im Angebot zu finden. Womöglich wollen Anbieter von Potenzmitteln ihrer Kundschaft den Zusatzaufwand von TOR-Browser und Bitcoin nicht zumuten. Für diese Massenware will man der Käuferschaft offensichtlich keine unnötigen Hürden in den Weg legen. Nur so kaufen die Kunden die Produkte weiterhin in grossen Mengen – und bezahlen mit Kreditkarte. Ähnlich ist die Situation bei Dopingsubstanzen. Sie werden im Darknet ebenfalls nur am Rand angeboten. Der Markt bei diesen Präparaten erfolgt in der Schweiz meist über den Direktvertrieb, etwa über Personen in Fitnesszentren.

So einfach kauft man im Darknet ein

Um den Handel von pharmazeutischen Produkten nachvollziehen und die Abläufe von der Bestellung bis zum Erhalt der Produkte beurteilen zu können, wurden auf verschiedenen Handelsplätzen insgesamt sieben Testbestellungen ausgelöst. Es ging darum, zu erkennen,

- unter welchen Umständen eine Bestellung erfolgt,
- in welcher Form und Verpackung die Produkte geliefert werden,
- ob aufgrund der Sendung Rückschlüsse auf den Absender gezogen werden können,
- ob die Anonymität eines Verkäufers während des gesamten Kaufprozesses gewahrt bleibt,
- ob ein Käufer seine Anonymität während des gesamten Kaufprozesses aufrecht erhalten kann,
- ob aufgrund der Verpackung Hinweise auf die Herkunft der Medikamente gewonnen werden können.

Vor dem Einkauf im Darknet müssen sich Kunden mit Bitcoin eindecken. Kaufen kann man Bitcoin – legal – entweder über eine Börse, einem SBB-Billetautomaten oder über einen der sieben in der Schweiz im Einsatz stehenden Bankomaten (s. Kapitel 4, S. 49).

Von der Bestellung zur Lieferung

Jedermann kann sich im Darknet Waren vollständig anonym besorgen. Dazu muss man lediglich einige Vorsichtsmassnahmen treffen. Auf Foren der Handelsplätze wird potenziellen Kunden empfohlen, sich eine sogenannte Drop-Adresse einzurichten. Also beispielsweise vorübergehend einen fiktiven Namen an den Briefkasten zu kleben, der einen zusätzlichen Bewohner an dieser Adresse suggeriert. Als Alternative empfehlen Händler im Darknet, ein Postfach anzumieten oder einen Briefkasten an einem leerstehenden Gebäude zu benutzen.

Der Service der Anbieter ist top: Praktisch alle Lieferungen aus einer Testserie trafen schon nach wenigen Tagen bei der angegebenen Lieferadresse ein. Zur Tarnung der Lieferungen lassen sich die Medikamentenhändler einiges einfallen. Die Postsendungen sollen möglichst unauffällig im Strom von Hunderttausenden spedierten Paketen mitschwimmen. Allerdings trafen zwei Bestellungen nicht ein; sie wurden gar nicht erst verarbeitet. Die Gründe dafür bleiben im Dunkeln. Die bereits überwiesenen Geldbeträge wurden zurückerstattet.

Testkauf Clonazepam (20 Tbl), Roche

Clonazepam (Handelsname Rivotril) ist ein verschreibungspflichtiges Antiepileptikum (Benzodiazepin). Auf den Handelsplätzen des Darknets wird diese Substanz unter der Rubrik «Benzos» angeboten. Der Stoff wird unter anderem von Drogensüchtigen als Ersatzdroge konsumiert. Clonazepam wirkt sedierend, angstlösend. Als Nebenwirkungen gelten schwere Leberinsuffizienz, Abhängigkeit, schwere Atembeschwerden. Der Händler «DoctorH» gab an, aus Deutschland zu liefern, das Kuvert im Format A5 (luftgepolstert) traf ohne Absenderadresse ein. Es war allerdings mit belgischen Briefmarken frankiert, die aber keinen Poststempel aufwiesen. Im Kuvert befand sich ein zweites Kuvert, die Tabletten waren zusätzlich in schwarzes Papier eingewickelt. Sie wurden nicht in einer Originalverpackung des Herstellers geliefert (Primär- bzw.

Sekundärverpackung), sondern lediglich in einer transparenten, verschweissten Plasticfolie. Auf den Tabletten war die Prägung «Roche» erkennbar. Ob es sich um ein Originalpräparat handelt, ist nicht klar.

Testkauf Primobolan (5 Amp. 100mg), Bayer Schering

Primobolan ist das unter Bodybuildern bekannte anabole Steroid Metenolon Enantat, das als Depoteinlagerung injiziert wird. Als Nebenwirkungen können Prostatavergrösserung, Haarausfall, verstärkte Körperbehaarung oder Akne auftreten. Der Wirkstoff von Primobolan (Anabol androgene Steroide AAS) steht auf der Dopingliste von Antidoping Schweiz. Von wo aus der Händler operiert, ist unklar. Angeboten wurde nur «Free Shipping Europe». Die Primobolan-Ampullen wurden in einem luftgepolsterten Umschlag geliefert, frankiert mit niederländischen Briefmarken. Als Absender figurierte ein fiktiver Name. An der Adresse in der Stadt Hilversum befindet sich ein Warenhaus. Eingepackt waren die Ampullen in ein Bildschirmreinigungstuch.

Testkauf Medikinet adult (10 Caps., 20 mg), Medic Pharma

Bei Medikinet handelt es sich um den Wirkstoff Methylphenidat, das auch unter dem Handelsnamen Ritalin vertrieben wird. Das Medikament ist verschreibungspflichtig, fällt unter die Kategorie der Betäubungsmittel und ist indiziert zur Behandlung einer Aufmerksamkeitsdefizit-/Hyperaktivitätsstörung (ADHS) bei Kindern ab sechs Jahren und Jugendlichen bis 18 Jahren. Unter jungen Erwachsenen, insbesondere unter Studenten, ist Ritalin beliebt zur Konzentrationsförderung, etwa im Hinblick auf Prüfungen. Ausserdem handelt es sich bei Medikinet um ein Dopingmittel gemäss Dopingliste. Diese Bestellung ist nicht eingetroffen. Der Fall zeigt, wie die Marktplätze potenzielle Kunden vor unseriösen Verkäufern schützen. Auf dem Marktplatz war ersichtlich, dass der Verkäufer die Bestellung nicht innerhalb der vorgegebenen drei Tage bearbeitet hatte, worauf die folgende Meldung erschien:

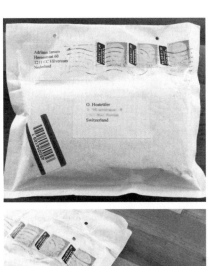

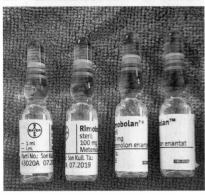

Abb. 2–4: Raffinierte Verpackung: Die Ampullen des Dopingmittels Rimobolan (Bayer) trafen aus den Niederlanden ein. Auf dem luftgepolsterten Kuvert war ein fiktiver Absender angegeben. Die Ampullen waren in ein Bildschirmreinigungstuch eingewickelt und in eine Plastichülle eingepackt. Ob es sich um Originalprodukte handelt, ist nicht klar.

«Your pending order was canceled because it expired, the vendor did not accept the order in time. The Bitcoins were returned to your Bitcoin Wallet. Contact the vendor for more information (…).»

Eine zweite Bestellung von Ritalin erfolgte auf einer anderen Handelsplattform. Die Tabletten trafen fünf Tage später aus Deutschland ein. Als Absender wurde handschriftlich notiert: Moritz Ruderer, Fraunhoferstrasse 12, 07743 Jena. Bei dieser Adresse handelt es sich offensichtlich um einen fiktiven Namen, an der angegebenen Adresse befinden sich Gebäude der örtlichen Universität. Die Tabletten wurden im luftgepolsterten Kuvert verschickt, sie befanden sich innerhalb des Kuverts in der Primärverpackung (Blister). Obschon hier Ablaufdatum und «LOT-Nummer» der Produktion ersichtlich sind, ist nicht klar, ob das Medikament aus einer Originalproduktion stammt oder gefälscht ist.

Testkauf Inderal (50 Tbl, 10mg), Astra Zeneca

Bei Inderal (Propranolol) handelt es sich um einen verschreibungspflichtigen Betablocker, der unter anderem als Langzeit-Prophylaxe nach einem Herzinfarkt eingesetzt wird oder bei akuten angstbedingten somatischen Beschwerden. In diesem Bereich liegt auch das Missbrauchspotenzial des Medikaments. Auf der Strasse ist der Wirkstoff als billige Ersatzdroge zu haben. Der Händler bewirbt das Angebot als «Original Pharmacy Product». Die Hinweise deuten auf einen Schweizer Anbieter. Er propagierte eine rasche Lieferung – «Free Shipping Switzerland in 4 Days». Diese Testbestellung zeigte unplanmässig, wie die Anonymisierungskette aufgebaut ist. Durch einen Irrtum ging während des Bestellprozesses die Lieferadresse vergessen. Ist aber eine Bestellung abgeschlossen, kann sie nicht mehr annulliert oder verändert werden. Deshalb wurde dem Händler die Lieferadresse nachträglich als «Private Message» mitgeteilt – um eine Verwechslung mit anderen Bestellungen zu verhindern, unter Verwendung der Bestellnummer. Trotzdem wurde die Bestellung nicht ausgeführt. Gut möglich, dass der Händler befürchtete, hinter der Bestellung stünden verdeckte Ermittler. Offensichtlich wird eine Bestellung schon beim leisesten Verdacht auf eine Unregelmässigkeit nicht bearbeitet. Weil er die Bestellung während der von diesem Marktplatz vorgegebenen Frist von 17 Tagen nicht ausgeführt hatte, generierte das System eine automatische Meldung:

«Dear user, this order has expired and has therefore been auto-finalized. The time-limit for orders to be completed is 17 days from date of purchase.»

Folglich wurde das Geld auf der Wallet wieder gutgeschrieben. Von dort konnte es wieder in die persönliche Bitcoin-Wallet auf dem Computer transferiert werden.

Testkauf Temesta (10 Tbl, 1 mg), Pfizer

Das bei einem Schweizer Händler bestellte Medikament Temesta enthält den Wirkstoff Lorazepam und ist ein verschreibungspflichtiges Betäubungsmittel. Es dient zur Behandlung von Angst- und Spannungszuständen. Es wird aber auch zur Beruhigung eingesetzt (z. B. vor operativen Eingriffen). Die Substanz ist aufgrund ihrer sedierenden Wirkung auch bei Drogenabhängigen als billige Ersatzdroge beliebt. Auf mehreren Marktplätzen ist Temesta in der Kategorie «Benzos» aufgeführt. Die Tabletten trafen bereits zwei Tage nach der Bestellung ein. Als Absender waren ein fiktiver Name und eine nicht existierende Adresse angegeben: «Martin Imhof, Kleinweg 56b, 8405 Winterthur». Die Sendung war A-Post frankiert und auf der Sihlpost Zürich aufgegeben worden. Das Kuvert enthielt eine in Kindergeschenkpapier eingepackte DVD-Hülle, dazu einen offensichtlich zur Tarnung vorgesehenen Beutel Ovomaltine. In der DVD-Hülle befand sich der Blister mit den Temesta-Tabletten (Primärverpackung). Beigelegt waren zwei Tabletten

Abb. 5–7: Tarnung Kindergeschenk: Das Betäubungsmittel Temesta, bei der Schweizer Händlerin «PonyHof» bestellt, wurde in der primären Originalverpackung (Blister) geliefert. Verpackt waren die Tabletten in einer mit Kindergeschenkpapier umhüllten DVD-Box, ein Beutel Ovomaltine lag bei. «Als Geschenk» gab es zwei Tabletten Rivotril (verschreibungspflichtiges Benzodiazepin). Der Absender ist fiktiv.

des Antiepileptikums Rivotril, eingeschweisst in Plastic, dazu die Notiz: «als Geschenk».

Testkauf «Swiss Growed Orange Bud» (2,5 g, Cannabis)

Die Bestellung von «Swiss Growed Orange Bud» (Cannabis) zeigt, dass auch bei Lieferungen von Schweizer Händlern keine Hinweise auf deren Handelskanäle erkennbar sind – sofern sie entsprechende Vorsichtsmassnahmen treffen. Der Händler «Der Erste Affe» wirbt auf mehreren Plattformen damit, dass er von der Schweiz aus agiere und aus Gründen der Sicherheit (Zoll) nur in die Schweiz liefere. Gleichzeitig versprach er einen speditiven Service, der in den Bewertungen auch positiv erwähnt war. Tatsächlich traf das Produkt zwei Tage nach der Bestellung ein. Das Kuvert war wie die anderen Testlieferungen luftgepolstert, A-Post-frankiert und mit Poststempel 5200 Brugg versehen. Als Absender war die fiktive Anschrift «Kreativ-Atelier, Buchenweg 13, 8005 Zürich» angegeben. Die verschweisste DVD-Hülle enthielt das Cannabis in einem zweifach eingeschweissten Plasticbeutel. Die Lieferung roch trotz Mehrfachverpackung stark nach Cannabis. Weil die Bestellungen unter dem Klarnamen erfolgten, recherchierte der Händler die private E-Mail-Adresse des Autors und schrieb über einen verschlüsselten E-Mail-Dienst eine Nachricht in Reimform:

> Der Erste Affe ist erstaunt.
> Da hat sich ein Journalist getraut,
> und kaufte sich etwas von meinem Affenkraut.
> Neugierig bin auch ich
> was ist der Hintergrund dieser Geschicht.
> Wohin geht das Kraut
> wenn man sich als Journalist das traut.
> Geht es zu den Wilderern in Blau
> da wird dem Affen schon etwas flau.

Dem OPSEC[14] ist man treu geblieben und
verwischt diese Ziele mit viel Liebe.
Dennoch ein kleiner Appell an Dich für mich.
Lass die Wilderer von der Geschicht.
Vernichte es, zerstöre es, was man halt so tut mit
dieser Pflicht.
Denn Bullen braucht es keine in dieser Geschicht. (…)
Ein Baum ein Kraut ist des Affens liebste Braut.
Leben und leben lassen, danke vielmal.

Die kriminalistische Sicht

Aus kriminalistischer Sicht zeigen die Testbestellungen vor allem, dass
Ermittlungen gegen fragwürdige Händler nicht einfach a priori unmöglich sind. Zudem wird klar, weshalb der illegale Handel mit pharmazeutischen Produkten auf den Darknet-Marktplätzen derart blüht: Die
Margen sind gigantisch.

■ Die Testkäufe geben einen Eindruck über die potenzielle Marge,
die Händler im Darknet mit illegalen Medikamenten erzielen; es
winken schier unglaubliche Gewinne. Anbieter von verschreibungspflichtigen Medikamenten erreichen bei den Testkäufen eine
Gewinnmarge zwischen 270 und 1347 Prozent. Basis für diese
Berechnung ist der handelsübliche Preis und der bei den Bestellungen effektiv bezahlte Preis (s. Tabelle).

Medikament	Offizieller Handelspreis[15]	Effektiv bezahlter Preis im Darknet	Marge in %
Clonazepam (Rivotril)	0.15/Tablette	2.17/Tablette	1347%
Inderal (Betablocker) 50 Tabletten, 10mg	5.80	50.20	765%
Temesta (Betäubungsm.) Tabletten, 1mg	0.38/Tablette	1.70/Tablette	347%
Medikinet (Ritalin) Kapseln, 10mg	1.45/Kapsel	5.36/Kapsel	269%

- Verkäufer treten immer anonym auf. Allerdings können gezielte Umfeldrecherchen (Foreneinträge, Angebote auf anderen Marktplätzen, Angebote im normalen Internet) Hinweise auf die tatsächliche Identität dieser Personen ergeben (s. Kapitel 13, S.176).
- Ein grosser Teil der Verkäufer schützt sich mit vertieften Vorkehrungen. In vielen Händlerprofilen finden sich die öffentlichen PGP-Schlüssel, um Nachrichten zu verschlüsseln. Zudem geben die Verkäufer für ihre Erreichbarkeit ausschliesslich E-Mail-Adressen von TOR-Mail-Diensten an (z. B. Sigaint) oder benutzen verschlüsselte Chat-Tools wie Bitmessage (s. Kapitel 6, S.80).
- Angaben über den Versandort sind unzuverlässig. Ein Händler gab an, die Waren aus Deutschland zu versenden, eingetroffen sind sie aber vermutlich aus Belgien (s. S.91).
- Über die Herkunft der Medikamente lässt sich aufgrund der Testlieferungen keine Aussage machen. Die in Blistern (Primärverpackung) gelieferten Medikamente stammen möglicherweise aus Originalbeständen. Insbesondere die LOT-Nummern könnten Herstellern Hinweise auf die Produktionschargen geben. Bei den lose gelieferten Substanzen ist die Herkunft völlig offen. Aus den

Angaben der Händler geht hervor, dass ein grosser Teil der Medikamente aus Osteuropa und Asien stammen dürfte.

- Mehrere Marktplätze publizieren Richtlinien, mit denen sie sich vom Waffenhandel (Massenvernichtungswaffen, Gifte) oder vom Handel mit Kinderpornografie distanzieren. Inwiefern diese Absichten tatsächlich umgesetzt werden, ist nicht klar. Recherchen auf den analysierten Marktplätzen zeigen, dass zwar Handfeuerwaffen angeboten werden, nicht aber Waffen mit Seriefeuer-Funktion. Angebote aus dem Bereich der Pornografie finden sich nur selten. Gehandelt wird hingegen mit Zugangscodes für Webseiten mit pornografischen Inhalten. Vermutlich werden diese verpönten Angebote in noch versteckere Ecken des Darknets verdrängt.

8

Von Silkroad zu Alphabay: Die ökonomische Parallelwelt

Ihre erste Blütezeit erlebten die anonymen Marktplätze im Darknet ab 2010. Der wohl bis heute bekannteste Marktplatz hiess in Anlehnung an die historische Seidenstrasse Silkroad (s. S.106). Die spektakuläre Schliessung der ersten Version im Jahr 2013 wird von Ermittlern bis heute als einer der wichtigsten Erfolge im Kampf gegen den Handel mit illegalen Produkten gefeiert. Doch verglichen mit den Dimensionen der heutigen Marktführer ist die wirtschaftliche Bedeutung von Silkroad und die Leistung der Ermittler zu relativieren. Denn die Entwicklung der verborgenen Märkte ging nach der Schliessung von Silkroad erst richtig los. Die Zahl der Anbieter und jene der Käufer vervielfachten sich innerhalb weniger Jahre. Der britische Social-Media-Analyst Jamie Bartlett schätzte vor drei Jahren, dass rund 80 000 Kunden aus 43 Ländern ihre Drogen online einkaufen. Heute dürfte diese Schätzung um einen unbekannten Faktor grösser sein. Konkrete Statistiken existieren nicht, aber die Zahl der auf den Marktplätzen aufgeschalteten Angebote lässt erahnen, welche Dimension diese ökonomische Parallelwelt im Darknet innerhalb weniger Jahre erreicht hat.

Einige Marktplätze wiesen zeitweise auch die Zahl der bei ihnen registrierten Benutzer aus. Daraus lässt sich die steigende Nachfrage nach solchen Handelswegen erahnen. BlackBank wies ein gutes Jahr nach der Gründung im Frühling 2015 rund 77 000 registrierte Benutzer aus, bei AlphaBay waren es Anfang September 2015 rund 151 000 User. Black-Bank ist inzwischen nicht mehr online, AlphaBay zählte Ende Oktober 2015 bereits 223 000 Benutzer. Aktuell ist diese Angabe nicht mehr ersichtlich, doch die Zahl der eingeschriebenen Kunden dürfte inzwischen ein Vielfaches betragen. Die weitere Zunahme der Handelstätigkeit ist auch an der Anzahl aufgelisteter Angebote abzulesen. Zwischen 2015 und 2016 hat sich die Zahl der aufgeschalteten Angebote mehr als verzehnfacht. 2016 kam es zu einer Verdreifachung. Alleine in der Rubrik Drogen und Medikamente sind über 202 000 Angebote online.[16] Im Vergleich dazu waren sowohl die erste Version von Silk Road als auch Silk Road 2.0 Zwerge (s. Grafik 2).

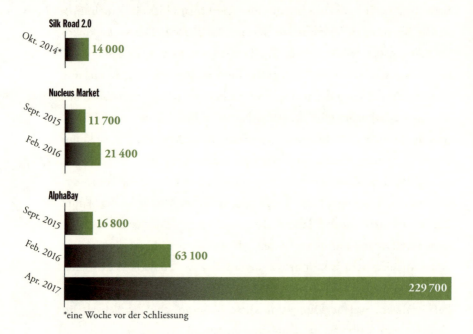

Silk Road 2.0

Okt. 2014*   14 000

Nucleus Market

Sept. 2015   11 700

Feb. 2016   21 400

AlphaBay

Sept. 2015   16 800

Feb. 2016   63 100

Apr. 2017   229 700

*eine Woche vor der Schliessung

Grafik 2: Boomende Märkte
Das Angebot im Bereich Drogen und Medikamente wächst rapide: Führende Marktplätze übertreffen den einst grössten Markt Silk Road 2.0 bei Weitem.
Quelle: eigene Erhebung; *FBI, eine Woche vor Schliessung.

Standardisierte Shops

In den letzten zwei, drei Jahren haben sich die verschiedenen Handelsplattformen von ihrem Aufbau und ihrer Struktur stark angeglichen. Sie sind inzwischen äusserst nutzerorientiert und stehen klassischen E-Commerce-Shops wie Amazon, Zalando oder E-Bay von ihrer Funktionsweise her und in Sachen Kundenfreundlichkeit in nichts nach. Es scheint geradezu, als gäbe es unter den Plattformen Richtlinien zur Anordnung der Handelsrubriken. Diese Kategorien (Drogen und Medikamente, Waffen, technische Anleitungen usw.) und die darin aufgeführten Unterkategorien sind inzwischen plattformübergreifend vereinheitlicht. Teilweise sind sie sogar in identischer Reihenfolge aufgelistet. Dazu kommen verschiedene Funktionen, die sich ebenfalls auf allen wichtigen Plattformen durchgesetzt haben. Wer sich registriert, verfügt etwa über einen privaten Messaging-Dienst und kann damit bei Fragen oder Reklamationen direkt mit Händlern kommunizieren. Nutzer können auch die Verkaufsstatistik von Händlern abrufen und die Liste der Kundenfeedbacks lesen. Sie können Händler, die nicht liefern, auf eine schwarze Liste setzen. Für die Abwicklung der Bezahlung nutzen Kunden ein auf ihrem Profil implementiertes elektronisches Portemonnaie (Wallet). Darauf überweisen sie im Voraus einen Geldbetrag in Bitcoin (oder in einer anderen Kryptowährung), über die Wallet werden auch die bestellten Produkte abgerechnet.

Jeder Marktplatz führt zudem ein umfangreiches Forum. Hier tauschen sich Händler und Nutzer zu allgemeinen Fragen aus, warnen sich gegenseitig vor betrügerischen Marktteilnehmern und erörtern technische Probleme. Zeitweise gab es Marktplätze, die als geschlossene Kreise funktionierten, etwa der vor zwei Jahren zeitweise grösste Handelsplatz Agora (inzwischen stillgelegt). Um sich registrieren zu können, benötigte man eine Empfehlung beziehungsweise eine Einladung. Dieses System sollte offenbar Ermittler fernhalten und wirkte auf potenzielle Kunden wohl auch geheimnisvoll.

Nachfrage bestimmt das Angebot

Über die letzten vier Jahre konnten die grossen Shutdowns den wichtigsten Marktplätzen nichts anhaben. Durchschnittlich werden täglich rund 300 000 bis 500 000 Dollar für illegale Produkte ausgegeben, wie eine Studie der amerikanischen Usenix Association aufzeigte. Dabei analysierte die Vereinigung der Betriebssystementwickler zwischen 2011 und 2015 insgesamt 35 Marktplätze und berechnete deren Umsätze aufgrund der obligatorischen Käuferfeedbacks, die wiederum als Beleg für erfolgreiche Transaktionen betrachtet wurden. Die daraus kalkulierten Tagesumsätze seien wesentlich höher als bisher vermutet, bilanzieren die Autoren der Studie. Vergleiche über die Jahre hinweg sind kaum möglich, aber allein die Zunahme der Anzahl Angebote auf den Handelsplätzen lässt auf hohe Steigerungsraten schliessen.

Womöglich ist die Arbeit der Ermittler eine Sisyphusarbeit. Die Usenix-Studie lässt sogar den Schluss zu, dass die teils spektakulären Ermittlungserfolge nicht einmal abschreckend wirken: Noch bemerkenswerter als die geschätzten Tagesumsätze sei, «dass die Marktplätze sehr resistent gegen Schliessungen und Fälle von Betrug sind, nicht zuletzt aufgrund der einfachen Tatsache, dass die ökonomische Nachfrage eine dominante Rolle spielt». Aufgrund der hohen Nachfrage sei unklar, ob die Schliessung von Marktplätzen durch die Ermittlungsbehörden effektiv ist, «zumindest haben wir keinen Beleg dazu gefunden». Dies stützt die Vermutung, dass sich die Märkte nach jeder behördlichen Schliessung schneller erholen, als den Strafverfolgern lieb ist.

Pionier Silk Road

Dieser Effekt zeigte sich eindrücklich an dem bis heute wohl bekanntesten Darknet-Markt Silk Road, der auch einer der ersten war. Der Name wurde zum Synonym für illegale Handelsplätze in den anonymen Tiefen des Internets. In verschiedener Hinsicht wurde Silk Road sogar zum

Musterfall: Alles war spektakulär, der Start, das Aufblühen, die professionelle Struktur der Plattform, die weitreichende Anonymität, aber auch der Shutdown durch die US-Behörden – begleitet von einem millionenschweren Betrugsfall durch zwei Ermittlungsbeamte. Mustergültig war auch, wie über Nacht zahlreiche neue – fast identische – Marktplätze entstanden. Die wichtigste Innovation von Silk Road war, eine striktere Anonymität zu garantieren als alle anderen Marktplätze zuvor. Dazu kam die einfache Nutzerführung von der Produktpräsentation über die Möglichkeit, mit dem Verkäufer – anonym – in Kontakt zu treten, bis zur Bewertung des Verkäufers durch den Kunden. Die wohl wichtigste Neuerung: Weder Kunden noch Anbieter mussten über technische Kenntnisse verfügen, damit sie sich am Handel mit illegalen Gütern beteiligen konnten. Verkäufer konnten ihre Produkte anbieten, als würde es sich beim Drogenmarkt um eine Versteigerungsplattform wie E-Bay handeln – und das auch noch anonym.

Silk Road funktionierte tadellos, sowohl Käufer als auch Händler realisierten rasch, welche Vorteile Darknet-Shops gegenüber bisherigen Onlineangeboten hatten. Der Shop expandierte rasch, die Anzahl der Händler und Käufer nahm exponentiell zu. Gleichzeitig bissen sich Ermittler an der neuen Art von Onlineshops die Zähne aus. Über zwei Jahre lang war ihnen nicht klar, wer tatsächlich hinter Silk Road steckte. War es eine Gruppe Hacker, eine Einzelperson, ein Unternehmen? Bekannt war lediglich ein Pseudonym: «Dread Pirate Roberts» oder «DRP». Erst 2013 konnte das FBI den damals 29-jährigen Ross William Ulbricht hinter dem Kunstnamen enttarnen. Ob er allerdings tatsächlich alleine für die veröffentlichten Einträge und Botschaften unter dem Kunstnamen verantwortlich ist, konnte bis heute nicht geklärt werden. Womöglich waren neben ihm auch einige seiner engsten Mitstreiter unter dem Pseudonym aufgetreten, das Verhältnis zwischen ihm und seinem kleinen Kreis an Mitarbeitern ist ebenfalls unklar.

Nach seiner Verhaftung sagte er in einem Interview mit dem *Forbes-*

Magazin: «The management of Silk Road is a collaborative effort. It is not just me making sure Silk Road runs smoothly.» Zentrale Figur der Plattform und damit für den Betrieb verantwortlich war aber Ross Ulbricht selber, wie er zugab. Im gleichen Interview sagte er: «I control the important Silk Road assets. Only I have access to the privat key corresponding to the Silk Road and forum URLs for example as well as my public PGP key. I'm also the only one with access to the wallets that back the accounts and escrow on Silk Road.»

Der erste Schritt wurde Ross Ulbricht zum Verhängnis

Wann genau Ulbricht seine Plattform Silk Road online stellte, ist nicht klar. In Dokumenten der Ermittler, der Anklageschrift sowie dem Urteil ist jeweils die Rede von Januar 2011. Im Nachhinein wurde klar, dass ihm seine allerersten Schritte zum Verhängnis wurden. Letztlich waren diese Aktivitäten dafür ausschlaggebend, dass er identifiziert werden konnte. Anfang 2011 war er nämlich vor dem Problem gestanden, dass er im anonymen Darknet einen Shop gebaut hatte, von dem gar niemand wusste. Folglich musste er seine eigene Aktivität im normalen Internet bekannt machen und seinen Darknet-Shop promoten. Sonst hätte niemand von der Existenz seiner Seite erfahren. Offenbar begann er bereits 2009, an einem anonymen Shop zu arbeiten. 2010 schrieb Ross Ulbricht in einer Notiz: «Ich begann an einem Projekt zu arbeiten, das ich bereits über ein Jahr in meinem Kopf hatte. Ich nannte es Underground Brokers, aber ich überlegte mir, eventuell unter dem Namen Silk Road zu starten. Die Idee war, eine Webseite zu kreieren, auf der jedermann anonym einkaufen könnte, ohne dass ein Rückschluss auf seine Person gezogen werden kann.» Ulbricht, damals 26-jährig, mit einem Hang zu psychedelischen Pilzen und Marihuana, träumte von einem Markt, auf dem Käufer und Verkäufer in einer sicheren, fairen und gewaltfreien Umgebung ihre Geschäfte abschliessen konnten.

Anfang 2011 war die Webseite schliesslich online. Wie sich später zeigen sollte, begann Ulbricht in mehreren Foren – im normal zugänglichen Internet –, Einträge und Hinweise zum neuen Marktplatz zu posten. Es waren nicht direkt Empfehlungen, vielmehr brachte er einfach seinen eigenen Shop ins Gespräch. So fragte er etwa, ob jemand Erfahrungen mit diesem Marktplatz habe. Den ersten solchen Eintrag fand später ein FBI-Ermittler in einem Onlineforum einer Gruppe Anhänger von psychedelischen Pilzen, sogenannten Magic Mushrooms. Hier postete ein Benutzer mit dem Nickname «Altoid» am 27. Januar 2011 unter dem Titel «Anonymous Market online?» folgenden Eintrag:

«I came across this webseite called Silk Road. It's a TOR hidden service that claims to allow you to buy and sell anything online anonymously. I'm thinking of buying of it, but wanted to see if anyone here had heard of it and could recommend it. I found it through silkroad 420.wordpress.com, which, if you have a tor browser directs you to the real site at http://tydgccyixpbu6uz.onion. Let me know what you think …»

Zwei Tage später folgte ein ähnlicher Eintrag, diesmal auf dem Diskussionskanal von bitcointalk.org:

«What an awesome thread! You guys have a ton of great ideas. Has anyone seen Silk Road yet? It's kind of like anonymous amazon.com. I don't think they have heroin on there, but they are selling other stuff. They basically use bitcoin and tor to broker anonymous transactions. It's at http://:tydgccyixpbu6uz.onion. Those not familiar with TOR can go to silkroad420.wordpress.com for instructions on how to access the.onion site. Let me know what you guys think.»

Damit richtete sich Ulbricht einerseits an ein konkretes Zielpublikum – Psilocybin-Fans, Marihuana-Konsumenten und Bitcoin-Anhänger – und lieferte ihnen gleichzeitig über einen anderen Kanal – einen Wordpress-Blog – eine Anleitung für den Fall, dass sie von TOR nichts verstanden. Später folgten in anderen Diskussionsforen weitere Postings mit ähnlichem Inhalt, ebenfalls unter dem Nutzernamen «Altoid». In einem weiteren Eintrag, diesmal in einem Onlineforum einer Bitcoin-Gemeinschaft, suchte «Altoid» am 11. Oktober 2011 nach einem «IT pro in the Bitcoin Community». Er gab an, den Bitcoin-Sachverständigen für eine «Venture Backed Bitcoin Startup Company» zu engagieren. Mit diesem Posting war Ulbricht eine Spur zu wenig vorsichtig. Denn der Eintrag sollte später das FBI direkt zu ihm führen. «Altoid» hinterliess in seinem Posting für Interessierte eine Kontaktadresse: «rossulbricht at gmail dot com». Damit war Ermittlern die IP-Adresse von jenem Computer bekannt, von dem die Hinweise auf den Darknet-Marktplatz stammten. Noch war aber nicht eindeutig, ob der Nutzer «Altoid» auch tatsächlich identisch war mit der Person Ross Ulbricht.

Mit einem Schlag im Fokus der Öffentlichkeit

Es ist wohl einem Zufall zu verdanken, dass Ulbrichts Postings in den Onlineforen ihr Zielpublikum und damit ihre Wirkung überhaupt erreicht haben. Massgebend beigetragen zur Bekanntmachung des neuen Marktplatzes hatte der 25-jährige Journalist Adrian Chen des amerikanischen Onlinemagazins *Gawker*. Auf der Suche nach neuen Geschichten stöberte er jeweils in verschiedensten Foren und sozialen Netzwerken. In einer dieser Recherchen entdeckte Chen die Foreneinträge von «Altoid». Er folgte den Anweisungen und kontaktierte die angegebene Kontaktadresse. Ulbricht seinerseits belieferte den Journalisten mit Quotes, womöglich schmeichelte ihm das Interesse des Journalisten an seiner neuen Plattform. Als Chen am 1. Juni 2011 seinen Artikel online stellte, glaubte er, eine Geschichte über eine Internet-Subkultur geschrieben zu haben. Tatsächlich aber löste er eine enorme Welle an Aufmerksamkeit aus.

Die Geschichte drehte sich weiter, andere Medien griffen sie auf – mit einer schier unglaublichen Wirkung: Mit einem Schlag waren Silk Road und die Digitalwährung Bitcoin in aller Munde – auch bei jenen, die aufgrund ihrer behördlichen Tätigkeit den in den USA viel propagierten Krieg gegen die Drogen führten. Drei Tage, nachdem Adrian Chen seine Geschichte im Onlinemagazin veröffentlicht hatte, wandten sich zwei US-Senatoren öffentlich an Justizminister Eric Holder und die amerikanische Drogenvollzugsbehörde DEA. Sie forderten, Silk Road müsse sofort geschlossen werden. Fünf Tage nach Chens Artikel hatte sich der Bitcoin-Kurs von USD 9 auf USD 18 verdoppelt. Weitere zwei Tage später war ein Bitcoin 30 Dollar wert. Die Zahl der registrierten Nutzer auf Silk Road stieg innerhalb weniger Tage von 1000 auf 10 000.

Monatsumsatz: 100 000 Dollar

Parallel dazu wuchs das Angebot auf Silk Road rapide an. Im Frühling 2011 bot anfänglich noch eine Handvoll Verkäufer Marihuana, Magic Mushrooms und MDMA (Amphetamine, Aufputschmittel wie Ecstasy usw.) an. Im Mai wurden schon über 300 Produkte aufgeführt, fast alles illegale Substanzen. Anfang 2012 wurden auf Silk Road bereits jeden Tag mehrere Tausend Transaktionen abgewickelt, wie die australische Investigativ-Journalistin Eileen Ormsby in *Silk Road; The Shocking True Story of the World's Most Notorious Online Drug Market* schrieb. Ein grosser Teil der Gelder, das Händler auf Silk Road einnahmen, haben sie gleich wieder investiert. Wie sich später in den Ermittlungen zeigen sollte, kauften sie ihren Stoff bei günstigeren Händlern ein, packten ihn in kleinere Portionen um und verkauften ihn wieder – zu höheren Preisen. Die Top-Verkäufer erreichten schnell einen monatlichen Umsatz von über 100 000 Dollar – abgerechnet in Bitcoin.

Innerhalb weniger Monate war Silk Road mehr als nur ein Nischen-marktplatz für Drogen geworden. Die Plattform war Treffpunkt einer weltweiten Gemeinschaft, deren Gemeinsamkeit die illegalen Drogen waren. Im Forum, wo sich die Community austauschte, schwoll die Zahl der veröffentlichten Beiträge auf 1,2 Millionen an – aufgeteilt in 70 000 Stichworten. Diskutiert wurde über dies und das, über «sophisti-cated methods of evading law enforcement», also wie man die Strafver-folgungsbehörden am besten austricksen kann, oder darüber, wie man sich fühlt, wenn man «stoned» seine Lieblingsfilme anschaut. Auch für den Social-Media-Trendforscher Jamie Bartlett ist klar: «Silk Road war eine Bewegung», nicht bloss ein Marktplatz. Er zitiert DRP aus einem Eintrag von 2012: «We are NOT beasts of burden to be taxed and cont-rolled and regulated. The future can be a time where the human spirit flourishes unbridled, wild and free!»

Zwei Jahre nach ihrem Start war diese Gemeinschaft enorm gewach-sen. Am 23. Juli 2013, gut zwei Monate vor der Verhaftung Ulbrichts, dokumentierte das FBI 957 079 registrierte Nutzer, wobei diese Zahl wegen möglichen doppelt registrierten Personen etwas geringer gewesen sein dürfte. 30 Prozent der Nutzer gaben an, aus den USA zu stammen, 27 Prozent wählten «undeclared». Die registrierten User gaben folgen-de Herkunftsländer an (absteigende Reihenfolge): USA, Australien, Deutschland, Kanada, Schweden, Frankreich, Russland, Italien, Nieder-lande. Über Silk Road verkehrten alleine während einer 60-Tage-Pe-riode im Juni/Juli 2013 über 1,2 Millionen private Nachrichten zwischen Kunden und Händlern, wie den Ermittlungsakten zu entnehmen ist.

Transaktionen für 1,2 Milliarden Dollar

Das wirtschaftliche Ausmass und die Gewinnabschöpfung von Dread Pirate Roberts alias Ross Ulbricht waren gewaltig. Gemäss FBI erzielte Silk Road im Juli 2013 Transaktionen im Wert von über 1,2 Milliarden

US-Dollars. Fast 4000 anonyme Händler verkauften ihre Produkte an 150 000 anonyme Kunden in aller Welt. Die Ermittler gingen davon aus, dass Ulbricht jeden Tag Kommissionen in der Höhe von 20 000 US-Dollars einstreichen konnte. Vermutlich der bis dahin erfolgreichste Drogenumschlagplatz aller Zeiten. Die Journalistin Eileen Ormsby bezifferte den Umsatz aus den Verkäufen, die über Silk Road abgewickelt wurden, zwischen dem 6. Februar 2011 und dem 23. Juli 2013 auf über 9,5 Millionen Bitcoin. Von den insgesamt 1 229 456 Transaktionen (von knapp einer Million registrierten Nutzern) flossen 614 000 Bitcoin als Kommission zu Ulbricht.

Aufgrund des volatilen Kurses der Bitcoin errechnete das FBI für DPR Einnahmen aus Kommissionen in der Höhe von 79,8 Millionen Dollar.[17] Gemäss einer Untersuchung der Usenix Association, die zwischen 2011 und 2015 Transaktionen auf 35 verschiedenen Marktplätzen auswertete, kam Silk Road Anfang 2013 – also zu den besten Zeiten – auf einen Tagesumsatz von rund 300 000 US-Dollar. Die Autoren der Studie kamen daher zum Schluss, dass Silk Road damals auf einen Jahresumsatz von über 100 Millionen Dollar kam. Die Ermittler bezifferten später den totalen Umsatz von Silk Road während dessen Existenz auf rund 214 Millionen US-Dollar. Dabei stützte sich die Behörde auf die Transaktionsdateien der Bitcoin-Blockchain.[18]

Der Shutdown von Silk Road

Wie lange das FBI Ross Ulbricht vor der Verhaftung bereits überwachte, ist nicht bekannt. Der zuständige FBI-Officer machte in seinem Rapport vom September 2013 keine Angaben dazu und liess auch offen, seit wann der Marktplatz durch die Ermittler observiert wurde. Hingegen erwähnte der FBI-Mann einen Bericht der US-Zollbehörde vom 10. Juli 2013 über ein routinemässig abgefangenes Paket aus Kanada. Darin befanden sich neun Identitätsdokumente mit jeweils unterschiedlichen

Namen, alle mit dem gleichen Porträtbild. Wenige Tage später fuhren Ermittler des US-Dienstes für die Innere Sicherheit (Homeland Security Investigations, HSI) bei der auf dem Paket angegebenen Lieferadresse in San Francisco vor – und stiessen auf Ross Ulbricht. Er war auch auf den gefälschten Identitätsausweisen abgebildet, wollte einen Zusammenhang aber nicht bestätigen. Ulbricht meinte gegenüber den Ermittlern lakonisch, es könne «hypothetisch» gesehen jedermann über eine Webseite wie etwa Silk Road Drogen oder gefälschte Identitätsdokumente bestellen.

Die Ermittler gingen aufgrund von veröffentlichten Nachrichten des Silk-Road-Betreibers davon aus, dass sich Ulbricht zur weiteren Tarnung bei einem neuen Internetprovider unter falschem Namen einen neuen Serverplatz mieten wollte. Trotz dieser Ereignisse im Frühsommer 2013 liessen die Ermittler den Mann hinter Silk Road weiter gewähren. Erst am 1. Oktober 2013 schlugen die Behörden zu. Sie verhafteten Ross Ulbricht alias Dread Pirate Roberts in einer Bibliothek in San Francisco. Am 4. Februar 2014 wurde Ulbricht vom US District Court for the Southern District of New York in vier Punkten schuldig gesprochen: Drogenhandel, kriminelle Geschäfte, Computer-Hacking und Geldwäsche. Das Strafmass über ihn verhängte das Gericht erst am 29. Mai 2015. Ulbricht erhielt zweimal lebenslänglich für Drogenhandel und kriminelle Geschäfte, dazu weitere Haftstrafen von 5, 15 und 20 Jahre für Computer-Hacking, Betrug mit Identifikationsdokumenten und Geldwäscherei.

Mit der Schliessung Anfang Oktober 2013 war den US-Ermittlern zweifellos ein spektakulärer Erfolg gelungen. Doch im Schatten von Silk Road hatten sich im Darknet längst neue anonyme Marktplätze etabliert. Ross Ulbricht hatte vorgemacht, wie dies funktioniert. Die Stilllegung von Silk Road hielt Konsumenten genauso wenig davon ab, online – und anonym – Drogen zu kaufen, wie seinerzeit die Stilllegung der Musiktauschbörse Napster Leute bis heute nicht daran hindert, gratis Musik herunterzuladen. Der Handel ging auf anderen anonymen Marktplätzen weiter, als wäre nichts geschehen. Sowohl Verkäufer als auch Käufer suchten sich innerhalb weniger Tage neue Handelsplätze. Verkäufer verwiesen hier auf ihre frühere Tätigkeit bei Silk Road, viele nutzten das gleiche Pseudonym, quasi zur Verdeutlichung der eigenen Reputation. Bis heute verweisen auf Marktplätzen des Darknets Verkäufer auf ihre langjährige Karriere, die einst bei Silk Road begann. Sie wollen damit die eigene Zuverlässigkeit und Seriosität unterstreichen.

Konkurrenten blühten auf

Von der Stilllegung profitierten vorab Silk Roads ehemalige Konkurrenten, allen voran Black Market Reloaded, Sheep Marketplace und Chiefly. Es dauerte gerade einen Monat und drei Tage, bis Anfang November 2013 Silk Road 2.0 online war. Ursprünglich war die Eröffnung des neuen Silk-Road-Marktplatzes auf das denkwürdige Datum des 5. Novembers 2013 geplant, zur symbolischen Uhrzeit 4:20 (nachmittags).[19] Doch wegen technischer Probleme kam es zu einer Verzögerung von 24 Stunden. Die neue Führung veröffentlichte schliesslich beim Start einen Appell an ihre Community, der gleichzeitig als Kampfansage an die Ermittlungsbehörden zu lesen war:

«As everyone is now aware, the previous Silk Road has fallen. For law enforcement worldwide this was a small victory for them where they would recieve a pat on the back from their superiors and maybe a good Christmas bonus coming up for them. However, what law enforcement has failed to understand is the consequences of their actions. Silk Road is not one man, Silk Road is an idea, and where Silk Road now lies is in the people who made it what it was and it is those people who will, with little help, bring the idea back to life again under a new name. We are not afraid of our governments, and we never should be. Together we will show law enforcement that while they may be able to lock up and imprison one man, they can never stop the idea behind it.»

Gezeichnet war dieser Eröffnungs-Post von «Dread Pirate Roberts», einer neuen Person mit dem alten Pseudonym. Verschiedene Nicknames, die auf der alten Plattform aktiv waren, übernahmen nun auch hier eine aktive Rolle. Die australische Journalistin Eileen Ormsby, die den Fall Silk Road minutiös rekonstruierte, kommt zu folgendem Fazit: «Das Team [der neuen Plattform] war eine Mischung aus bekannten und neuen Namen, stark eingebunden und vertraut mit der Gemeinschaft.» Die neue Silk Road wuchs schnell. Gleichzeitig wurden die Marktplätze Pandora, Agora und Evolution eröffnet. Silk Road 2.0 hatte schon nach drei Monaten das Transaktionsvolumen von Silk Road 1.0 vor deren Schliessung erreicht. Doch ein sogenannter Scam (Betrug) führte anschliessend zu einem dramatischen Vertrauensverlust bei den Nutzern, von dem sich Silk Road nur langsam erholte.

Nachfolger Silk Road 2.0

Auf den Tag genau ein Jahr nach dem Start war Silk Road 2.0 am Ende. Am 6. November 2014 schlug ein Verbund internationaler Spezialisten zu. Die Aktion erfolgte unter der Führung der Computer Crime and Intellectual Property Section des US-Department of Justice sowie des Europäischen Cyber Crime Center von Europol (EC3) mit den darin involvierten nationalen Behörden von 16 europäischen Ländern. Das Department of Justice feierte das Ende von Silk Road 2.0 als «bisher grösste Aktion im Kampf gegen kriminelle Webseiten im TOR-Netzwerk». Der mutmassliche Betreiber der Plattform, Blake Benthall (der auch unter dem Pseudonym «Defcon» oder «a/k/a» auftrat), wurde verhaftet. Wenige Tage vor dem Ende des Marktplatzes, am 29. Oktober

2014, listete Silk Road 2.0 in der Kategorie «Drugs» insgesamt 14 024 Angebote auf, davon 1654 Angebote aus dem Bereich «Psychedelics» und 1921 Angebote aus dem Bereich «Ecstasy». Die Webseite verzeichnete monatlich 150 000 aktive Nutzer und generierte Verkäufe im Umfang von mindestens 8 Millionen Dollar, was den Betreibern Kommissionen in Höhe von 400 000 Dollar einbrachte.

Die Ermittler waren zu Recht stolz, denn die Aktion bedeutete nicht nur das Aus für Silk Road 2.0, sondern es wurden auch Dutzende weitere illegale Onlinemarktplätze vom Netz genommen; darunter Pandora und Cloud Nine. Gemäss dem US-Department of Justice handelten die geschlossenen Marktplätze mit illegalen Drogen, Waffen, gestohlenen Kreditkarten, Passwörtern, gefälschten Pässen und Dienstleistungen im Bereich Computer-Hacking. Bei dieser Aktion «Onymous» wurden im Darknet insgesamt über 400 Onlineshops vom Netz genommen. Sie waren teils auf den Handel mit bestimmten illegalen Gütern spezialisiert (gefälschten Pässen, Waffen, Kreditkarten usw.). Peter Edge, Direktor von Homeland Security Investigations (HSI), sagte damals: «Untergrundseiten wie Silk Road und Silk Road 2.0 sind der Wilde Westen des Internets. Hier können Kriminelle anonym alle möglichen illegalen Waren kaufen und verkaufen. Wir werden fortfahren und mit aller Kraft und gemeinsam mit internationalen Strafverfolgungsbehörden diese versteckten Schwarzmarktseiten schliessen.»

Jeder Stilllegung folgen zig neue Marktplätze

Das Ende von Silk Road 2.0 und anderen Marktplätzen war aus kriminalistischer Sicht nur von geringer Tragweite. Für die Käufer von illegalen Produkten hatte die Aktion «Onymous» praktisch keine Folgen. Ein grosser Teil – sowohl Verkäufer als auch Käufer – wechselten auf Evolution und Agora. Die Marktplätze im Darknet sind ohnehin ständig in Bewegung: Viele verschwinden so schnell, wie sie aufgetaucht sind. Ob sie durch polizeiliche Interventionen abgeschaltet oder aus anderen Gründen stillgelegt wurden, ist nicht klar. Von neun über ein Jahr hinweg analysierten Plattformen sind mehrere schon nicht mehr in Betrieb oder in der Bedeutungslosigkeit versunken. Andere haben sich innerhalb von kurzer Zeit aus dem Nichts zu Marktführern entwickelt, etwa AlphaBay und Valhalla. AlphaBay, heute die grösste Plattform, trat ihren Siegeszug erst im September 2015 an. Valhalla begann unter dem Namen Silkkitie als lokaler Markt in Finnland und gehört heute ebenfalls zu den bestfrequentiertesten Märkten.

In einem Interview mit dem Branchenportal Deepdotweb liess der Valhalla-Administrator «Kapteeni» einen Blick hinter die Kulissen zu: «Silkkitie wurde aus verschiedenen Gründen gestartet. In erster Linie ging es um die finnischen Kunden. Als die Darknet-Marktplätze bekannter wurden, realisierten auch die finnischen Kunden, dass man dort viel einfacher zu Drogen und anderen illegalen Dingen kommt. Natürlich war dies eine direkte Folge der medialen Aufmerksamkeit von der ursprünglichen Silk Road und deren Nachfolgern. Wahrscheinlich tauschten sich Ermittlungsbehörden über den Umfang der Drogen aus, die von überall aus der Welt mit der normalen Post verschickt wurden. Jedenfalls wurde es für finnische Kunden zunehmend riskant, im Ausland Waren zu bestellen. Zu diesem Zeitpunkt realisierten wir, dass wir unseren eigenen Markt brauchten.» Für den Namenswechsel von Silkkitie zu Valhalla habe man sich deshalb entschieden, weil der alte Name nur finnischen Kunden ein Begriff war und für viele andere schwierig zu schreiben sei und man ihn sich nicht merken könne. Die Plattform geniesse deshalb bei Kunden grosses Vertrauen, sagte der Valhalla-Administrator dem Onlineportal, weil sie anfänglich mit finnischen Kunden das einwandfreie Funktionieren bewiesen habe und nicht einfach als riesiger Markt über Nacht aufgetaucht sei. Während viele Plattformen auftauchen und wieder verschwinden, gehört Valhalla zu den am längsten funktionierenden Märkten.

Eindrücklich zeigt sich diese Volatilität auch an Nucleus und Agora. Beide gehörten vor zwei Jahren zu den Marktführern. Von beiden ist inzwischen nicht mehr die Rede. Agora soll angeblich noch existieren, ist aber oft nicht erreichbar. Nucleus ist verschwunden. Auch die Plattform Evolution, einst als Alternative von Silk Road 2.0 gefeiert, ist nicht mehr online. Die dritte Version von Silk Road (Silk Road 3.0) war schon Ende 2015 zeitweise nicht mehr erreichbar und wurde von Deep Dot Web bereits damals als «banned» aufgelistet. Angeblich war die Seite dominiert von Scams (betrügerisch agierenden Händlern). Ob es technische Probleme waren, wie die Plattformbetreiber und Nutzer im Forum behaupteten, oder polizeiliche Ermittlungen (Shutdown) die Ursache waren, ist nicht klar.

Top-Markets[20] (Oktober 2015)	Top-Markets[21] (Februar 2017)
Abraxas Market	AlphaBay
AlphaBay	Dream Marktet
Dream Market	Valhalla (Silkkitie)
Outlaw Market	Outlaw Market
Silkkitie	Hansa Market
Middle Earth Marketplace	

Wie viele Marktplätze im Darknet aktuell Waren und Dienstleistungen anbieten, ist nicht bekannt. Das Portal Deep Dot Web listet gegenwärtig über 54 anonyme Marktplätze auf (inklusive Vendorshops und I2P-Shops); auf jedem finden sich Zehntausende von Angeboten. Heute haben die grössten Marktplätze des Darknets allein durch ihre angewachsene Grösse auch wirtschaftlich ein enormes Potenzial entwickelt. Trotz verschiedenen spektakulären Aktionen wie der Schliessung von Silk Road 2013 und Dutzender anderer Webseiten anlässlich der Aktion «Onymous» im November 2014, blühen sie wie noch nie (s. S. 104).

9

Schweizer Szene: Breites Angebot und rege Nachfrage

Recherchen zeigen, dass sich auf allen wichtigen Marktplätzen eine ganze Reihe von Schweizer Verkäufern tummeln. Aufgrund der Angebots- und Produktsortimente scheint klar, dass es auch in der Schweiz eine offensichtlich gut funktionierende Warenbeschaffungskette gibt – sowohl für Drogen wie auch für pharmazeutische Produkte. Dem breiten Angebot steht ganz offensichtlich eine beachtliche Nachfrage gegenüber. Schweizer Anbieter verkaufen primär Cannabis, Ecstasy, Kokain sowie Psychopharmaka und Betäubungsmittel.

Schweizer Exponenten unter den Drogen- und Medikamentenhändlern heissen «Swissprinzess», «SwissMama», «Swisspremium», «Dr. Swiss», «Mitcho1», «Swissdrugs», «Dr. Feelgood», «Der Erste Affe» oder «teamegli». Alle verkaufen eine breite Auswahl von Kokain, Speed, Ecstasy, Crystal, Cannabis oder verschiedenste Psychopharmaka und Betäubungsmittel – meist auch in grossen Mengen. Einer der aktivsten Händler tritt unter dem Namen «SwissChosek» auf, anfänglich nannte er sich nur «Chosek». Inzwischen tritt er auch als «cho3ek» auf. Er ist seit über zwei Jahren im Geschäft und konzentriert sich auf Ecstasy, Speed und Kokain. Seine Waren bietet er in jüngster Zeit vor allem auf Alpha-Bay an, früher auch auf Abraxas, Nucleus und anderen Plattformen. Sein Credo: «When your read this name it stands for quality fair trading.» Tatsächlich sind seine Kundenbewertungen fast ausnahmslos positiv. Einige Kunden äussern sich geradezu überschwänglich über die kurze Lieferfrist und den angeblich guten Stoff. Er selber gibt sich unbescheiden: «Ich bin ein Profi, Sie müssen sich um Ihre Sicherheit keine Sorgen machen.» Damit spricht er auf mögliche Geruchsemissionen von

Cannabis an. Denn der intensive Geruch getrockneter Hanfblüten dringt unter Umständen auch durch die Verpackung. Doch «SwissChosek» beruhigt, seine Ware sei «100 % smell free», da der Stoff mehrfach verschweisst und verpackt sei. Am Schluss würden die Kuverts aussehen «wie echte Geschäftsbriefe». Der Umfang seiner Handelstätigkeit ist unterschiedlich. Es gibt Tage, da verkauft «SwissChosek» für mehrere 100 Franken Speed und Kokain. So erreicht er leicht einen monatlichen Umsatz von über 10 000 Franken.

Seit vergangenem Herbst ist ein Händler namens «username6969» präsent. Er kommt gemäss eigenen Angaben ebenfalls aus der Schweiz – und wirbt auch damit: «Kein Zoll – kein Risiko.» Er ist spezialisiert auf Benzos, also auf sedierende, angstlösende Medikamente. Verkaufsrenner ist bei ihm Lorazepam. Pro Monat kommt er problemlos auf einen Umsatz von über 1000 Franken. Andere machen wesentlich mehr Umsatz, etwa «Flyfelix», der auch mal an einem einzigen Tag Substanzen für 400 Dollar verkauft. Ob «Flyfelix» aus der Schweiz oder aus Österreich stammt, ist nicht sicher. Klar ist hingegen, dass er zu den erfahreneren Händlern auf den Darknet-Märkten gehört. Er war bereits auf der ursprünglichen Silk Road aktiv, später auf BMR, Sheep Market, Silk Road 2.0, Agora und Evolution. Alles Marktplätze, die inzwischen wieder verschwunden sind. Doch «Flyfelix» hat sich den dynamischen Marktveränderungen angepasst. Aktuell verkauft er seine Produkte auf AlphaBay, Dream Market und Valhalla.

Andere erarbeiten ebenfalls beachtliche Umsätze – auch wenn der Handel nur auf die Schweiz beschränkt ist, wie etwa bei «Swiss-flakes». Sein Kerngeschäft: Kokain. Ende 2016 hatte er innerhalb von sechs Monaten 300 Deals abgeschlossen. Meist in den Standardmengen von 1 Gramm, 4 Gramm oder 10 Gramm. Es gibt Tage, da erreicht er einen Umsatz von gegen 1000 Franken. Inzwischen dürfte er auf den anonymen Marktplätzen schätzungsweise über ein halbes Kilo Kokain verkauft haben. Sein Erfolgsrezept: «Versendet wird nur national in der

Schweiz, somit entsteht kein Risiko, da der Versandweg nicht über den Zoll führt.» Das wissen offensichtlich auch die Kunden zu schätzen. Dazu behauptet er, sein Stoff sei im Labor mit einem Reinheitsgrad von 85 Prozent bezeichnet worden. Deshalb habe das Koks auch seinen Preis: Ein Gramm kostet je nach Kurs um die 100 Franken. Das Feedback seiner Kunden ist geradezu überschwänglich. Von den 300 abgeschlossenen Trades erhielt er keine einzige negative Rückmeldung. «Swiss-flakes» rühmt sich selber nicht nur wegen der Qualität seines Stoffs: Er liefert schneller, als die Post die Briefe austrägt. Ein Kunde schrieb, nachdem er für 525 Dollar 4 Gramm bestellt hatte: «Kurz nach 12 Uhr bestellt und knapp zwei Stunden später war der Stoff schon an einem sehr gut mit Fotos beschriebenen Ort in meiner Stadt abholbereit. Ich bin sprachlos. Weiter so. Ich freue mich schon auf die nächste Bestellung.»

Das Geschäft mit verbotenen Substanzen im Darknet floriert. Ausführliche, schriftlich geführte Interviews mit dem Cannabishändler «Edelweiss» und der Medikamenten-Dealerin «PonyHof» deuten auf eindrückliche Gewinnaussichten hin. Beide beliefern ausschliesslich Kunden in der Schweiz und haben so strafrechtlich nur wenig zu befürchten. Das Risiko aufzufliegen, ist gering. «Edelweiss», der seit Mitte September 2015 auf mehreren Markplätzen Cannabis aus eigener Produktion anbietet, konnte die Zahl der Bestellungen kontinuierlich steigern. Er ist geradezu euphorisch, was seine Zukunftsaussichten angeht (s. Kapitel 10, S.135). Andere Anbieter sind offenbar ebenso überzeugt vom Geschäft. «Josef» bietet Marihuana gleich im 100- oder 500-Gramm-Paket an – und es wird gekauft.

Wer sind die Händler?

Der Typus eines Händlers entspricht einem technikaffinen, jungen, vermutlich mehrheitlich männlichen Internetnutzer. Technikaffin deshalb, weil die Installation eines verschlüsselten Chatdienstes wie Jabber,

Bitmessage oder die PGP-Verschlüsselung von E-Mails zwar keine vertieften IT-Kenntnisse erfordert, aber doch solides Computerwissen. Aufgrund der Anzahl Transaktionen, die auf den Händlerprofilen aufgelistet sind, kann man davon ausgehen, dass viele den Handel mit pharmazeutischen Produkten im Nebenerwerb betreiben. Der monetäre Anreiz spielt trotzdem eine wichtige Rolle.

Welche Art Menschen genau im Darknet mit illegalen Produkten handeln, ist nicht klar. «PonyHof», angeblich eine Frau um die 40, spricht zwar über ihre eigenen Erfahrungen, verschweigt aber mindestens so viel. Einiges klingt plausibel, anderes weniger:

Haben Sie Familie, leben Sie in einer Beziehung?
Familie mit Kindern ist vorhanden, aber nicht mal mein Mann weiss etwas über meine Aktivitäten im Darknet. Aus Sicherheitsgründen möchte ich hierzu nicht mehr sagen.

Was ist Ihr beruflicher Hintergrund?
KV, aus Sicherheitsgründen möchte ich hierzu nicht mehr sagen.

Sind Sie ein Einzelunternehmer oder arbeiten Sie im Verbund mit anderen Dienstleistern?
Ich arbeite nicht alleine, aus Sicherheitsgründen möchte ich nicht mehr darüber sagen.

Haben Sie nebenbei noch einen regulären Job oder machen Sie das hauptberuflich?
Ich habe einen regulären Job und würde ihn für das Darknet-Geschäft auch nicht aufgeben. Um das hauptberuflich und mit grosser Marge zu machen, müsste ich entweder im Spital, einer Apotheke oder bei einer Pharmafirma arbeiten ☺.

Wie viele Bestellungen verzeichnen Sie wöchentlich? Bzw. in welcher Grössenordnung liegen Umsatz und Gewinn?

Ich habe circa drei Bestellungen pro Woche. Über den Gewinn möchte ich nichts sagen, es ist ein kleiner Nebenverdienst.

Überwiegt der finanzielle Gewinn das Risiko?

Wenn man sich klar an die Darknet-Regeln hält, minimiert man das Risiko enorm. Je mehr Leute (im Real-Life) beteiligt sind, desto grösser ist das Risiko. Aktuell kann ich sagen, dass der Gewinn das Risiko überwiegt, sonst würde ich es nicht (mehr) machen.

Carsten Meywirth, ehemaliger Leiter der Cybercrime-Bekämpfung im Bundeskriminalamt Wiesbaden, charakterisiert die Händler im Darknet gegenüber dem Nachrichtenmagazin *Der Spiegel* so: «Wir sehen da eine neue Generation von Tätern. Früher kamen Drogenhändler aus dem Milieu. Heute sind das junge Leute, die sich mit Computern auskennen.» Das deckt sich mit den Erkenntnissen aus den beiden wohl grössten aktuellen Fällen, Silk Road/Ross Ulbricht (s. a. Kapitel 8, S. 108) sowie dem von Leipzig aus operierenden «Shiny Flakes» (s. Kapitel 13, S. 180). In beiden Fällen handelte es sich um junge Männer mit guten Computer- und Internetkenntnissen. Beide hatten sich letztlich aus einer gewissen Portion Langeweile das technische Know-how angeeignet, das es für den Betrieb eines Versandhandels im Darknet braucht.

Die allermeisten Anbieter geben sich betont seriös, souverän und handeln überwiegend professionell. Einige verweisen auf ihre teils schon länger andauernde Tätigkeit im Darknet. Sie betonen ihre Erfahrung, die eigene Qualität und den zuverlässigen Versand. Sie bieten teilweise sogar eine «Zufriedenheit-oder-Geld-zurück-Garantie» an und informieren offen, woher ihre Produkte stammen. Ob diese Angaben stimmen, ist aber eine andere Frage. Beispielsweise «Flyfelix»: Das verschreibungspflichtige Beruhigungsmedikament Xanax (indiziert bei Angst- und

Panikattacken), das auch als Ersatzdroge benutzt wird, stammt laut «Flyfelix» aus der Produktion von Galenica Belgrad (Serbien).

Wer sind die Käufer?

Über die Frage, wer im Darknet einkauft, kann nur spekuliert werden. Zum einen dürften es Händler selber sein, die ihre Waren auf Marktplätzen beziehen und anschliessend weiterverkaufen. Andererseits befriedigen die Verkäufer offensichtlich eine generelle Nachfrage von Endkonsumenten. Darauf deuten die erhältlichen Portionengrössen hin. In vielen Fällen werden Tabletten in Blistern zu zehn oder zwanzig Tabletten angeboten. Dies entspricht nur einem Teil der Packung, was versandtechnisch einfacher ist und je nach Substanz und Konsumverhalten den Wochenbedarf (oder mehr) deckt. Ähnlich ist es bei harten Drogen. Kokain ist von zahlreichen Anbietern auch in Kleinmengen von einem Gramm erhältlich. Allein die Tatsache, dass in der jährlichen Aktion des Schweizer Zolls in Zusammenarbeit mit der Heilmittelbehörde Swissmedic und Antidoping Schweiz (s. S. 129) mehrere Tausend Postsendungen mit pharmazeutischen Produkten und Dopingmitteln abgefangen werden, weist auf das enorme Kundenpotenzial in der Schweiz hin.

«PonyHof» charakterisiert ihre Kunden folgendermassen:

«Ich habe keine Ahnung, wer sich hinter den Käufern verbirgt und aus welchen Gründen sie konsumieren. Vermutlich werden meine Produkte von jeglichen sozialen Schichten konsumiert. Von Ärzten, Piloten, Bankern, KV-Leuten; aber auch von Menschen mit Suchtproblemen, sei es polytoxikologisch oder nur in Bezug auf eine Substanz. Der junge Erwachsene nimmt nach dem Ausgang Valium zum Herunterkommen von XTC oder Koks. Der andere nimmt meine Medikamente als Einschlafhilfe, ein Dritter wiederum kombiniert sie mit Alkohol.»

Risiko Zoll

Ernsthafte juristische Folgen müssen weder Händler noch Konsumenten befürchten. Sofern sie ein Mindestmass an Vorsicht anwenden, erscheint das Risiko, erwischt zu werden, gering: Anbieterin «PonyHof» sagt: «Ich bin nur ein kleiner Fisch. Selbst mein Lieferant weiss nichts von meinen Aktivitäten hier im Darknet.» So scheren sich viele Käufer aus der Schweiz nicht gross darum, dass der Zoll das von ihnen bestellte Paket aus dem Ausland abfangen könnte. Bei den Tausenden von Postsendungen, die täglich in die Schweiz geliefert werden, ist die Wahrscheinlichkeit aus der Sicht eines einzelnen Kunden tatsächlich klein, dass ausgerechnet sein Paket in einer Stichprobe der Zollbehörden hängen bleiben sollte. Die Arbeit der Zollbehörde ist ohnehin ein schier aussichtsloser Versuch, im globalen Warenaustausch Sendungen mit verbotenen Substanzen herauszufischen.

Einen Eindruck, in welchem Ausmass international mit pharmazeutischen Produkten gehandelt wird, gibt die Eidgenössische Zollverwaltung. Der Schweizer Zoll meldet der Heilmittelkontrollstelle Swissmedic jährlich um die 1000 Fälle und informiert Antidoping Schweiz über rund 400 Fälle, in denen versucht wird, verbotenerweise illegale Heilmittel in die Schweiz einzuführen. Allerdings geht aus diesen Zahlen nicht hervor, ob die Bestellungen über das Darknet oder über Onlineshops im normalen Internet ausgelöst wurden. Diese vom Schweizer Zoll beschlagnahmten Medikamente und Dopingsubstanzen gehen in den allermeisten Fällen auf internationale Aktionen zurück. Unter dem Namen «Pangea» konzentrieren sich die Ermittlungsbehörden einmal jährlich unter der Leitung von Interpol auf den Handel mit Medikamenten und Dopingsubstanzen. In der koordinierten Aktion suchen die Ermittler am Zoll gezielt nach verdächtigen Paketen. Die Aktion klingt von ihrer Dimension her eindrücklich. Weltweit beteiligen sich 193 Polizeibehörden, sie kontrollierten letztes Jahr in 103 Ländern 334 000 Postsendungen, 170 340 Pakete wurden beschlagnahmt, nationale Behörden eröffneten 700 Verfahren, 40 davon hatten einen direkten Bezug zur organisierten Kriminalität. Gleichzeitig wurden weltweit 393 Personen verhaftet – mehr als doppelt so viele wie im Vorjahr. Beschlagnahmt wurden dabei gefälschte Medikamente im Wert von 53 Millionen Dollar. Die Aktion führte zur Schliessung von fast 5000 Webseiten.

Den eindrücklichen Zahlen zum Trotz: Die Aktion ist nicht mehr als ein Tropfen auf den heissen Stein. Am Schweizer Zoll wurden 2016 bloss 2000 Sendungen herausgefischt, 765 davon enthielten Arznei- oder Dopingmittel. Weil in der Schweiz der Import eines Monatsbedarfs (Eigenbedarf) erlaubt ist, wurden schliesslich nur 82 Postsendungen beschlagnahmt. Aufgrund etwas rückläufiger Zahlen frohlockte die Heilmittelbehörde Swissmedic nach der letzten Aktion: «Anstieg illegaler Arzneimittelimporte in die Schweiz gestoppt». Die Verantwortlichen führen den Rückgang allen Ernstes auf ihre eigene Aufklärungsarbeit zurück; Swissmedic warnt immer wieder vor den möglichen Wirkungen gefälschter Medikamente. Tatsächlich meldete die Zollverwaltung der Heilmittel-Aufsichtsbehörde in früheren Jahren deutlich mehr Fälle. 2014 waren es 1225 Fälle, 2013 waren es 1096. Doch der von Swissmedic mit Freuden vermeldete Rückgang bedeutet nicht zwangsläufig, dass sich Schweizerinnen und Schweizer weniger häufig im Ausland mit illegalen Arzneimitteln und Drogen eindecken. Aufgrund der massiv gestiegenen Handelsaktivitäten im Darknet dürfte das Gegenteil richtig sein. Zudem hat sich die internationale Aktion Pangea in den entsprechenden Kreisen längst herumgesprochen. Zum wiederholten Mal findet sie nämlich im gleichen Zeitraum statt (Ende Mai, Anfang Juni). In Foren des Darknets wird jeweils sogar darauf hingewiesen und die Kunden werden zur Vorsicht ermahnt. Damit besteht die Vermutung, dass sich diese Aktion vor allem auf Händler auswirken könnte, die mit ihren Produkten im normalen Internet auftreten, gegen den Handel auf den Schwarzmärkten im Darknet aber letztlich wohl wirkungslos ist.

Unter den Medikamenten, die der Zoll am häufigsten beschlagnahmt, befinden sich Erektionsförderer, Muskelaufbaupräparate, Schlankheitsmittel, Schlaf- und Beruhigungsmittel, Psychopharmaka sowie Hautaufheller und Bräunungsmittel:[22]

Erektionsförderer	55 %
Schlaf- und Beruhigungsmittel	13,5 %
Schlankheitsmittel	5 %
Haarwuchsmittel	2,6 %
Andere	24 %

Die Herkunft der vom Zoll beschlagnahmten Medikamente scheint die Tendenz zur Globalisierung des illegalen Medikamentenhandels zu bestätigen.

Indien	48 %
Westeuropa	21 %
Asien	13 %
Osteuropa	9 %
Andere	9 %

Der grösste Teil der in die Schweiz importierten Medikamente stammte aus Fernost. Fast 20 Prozent der untersuchten Ware wurden von Deutschland in die Schweiz geliefert. Swissmedic vermutet aber, dass die Produkte eigentlich aus Asien stammen und sie in Deutschland lediglich umgepackt werden. 16 Prozent der illegal in die Schweiz eingeführten Produkte stammen direkt aus Kambodscha. Von dort werden vorwiegend Betäubungsmittel (also Beruhigungs- und Schlafmittel) in die Schweiz geschickt. Als Absender wird meist ein fiktives Kinderhilfswerk angegeben, etwa «Help a child smile» oder «Weltkinderhilfe Kambodscha».

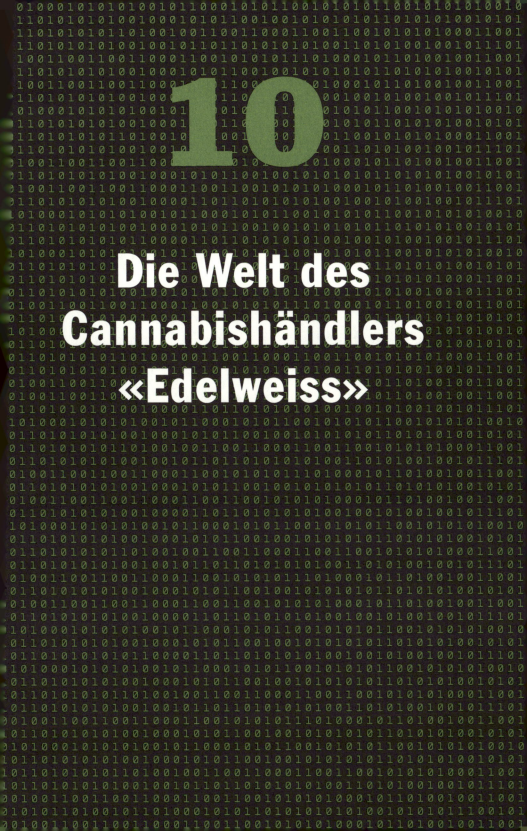

10

Die Welt des Cannabishändlers «Edelweiss»

Auf der Strasse kennen Drogenkonsumenten in der Regel ihren Lieferanten – manchmal flüchtig, oft aber persönlich. Das Verhältnis zwischen Dealer und Kunde ist manchmal sogar kumpelhaft. Anders im
Darknet. Hier gibt es keine Möglichkeit, dass sich Käufer und Verkäufer
offen gegenübertreten. Es sei denn, sie vereinbaren den Austausch ihrer
Klarnamen, was aber sowohl für den Händler als auch für den Kunden
strafrechtliche Konsequenzen haben könnte. Folglich gibt keiner mehr
von sich preis, als unbedingt nötig ist. Die Marktteilnehmer sind durch-
setzt von Misstrauen, ihr Vertrauen gilt den technischen Möglichkeiten
zum Schutz ihrer Person. Die Verschlüsselung ist die Versicherung ihrer
Existenz. Doch die Darknet-Händler führen auch ein Leben ausserhalb
des TOR-Netzwerks. Dieser Übergang könnte für Strafverfolger ein
wichtiger Ansatzpunkt sein für Ermittlungen (s. Kapitel 13, S. 176). Für
etliche Verkäufer ist die Schwelle zwischen ihrer virtuellen Figur im
Darknet und dem realen Leben mit der Angst verbunden, bei der illegalen Tätigkeit erwischt zu werden. Der Gang mit den Paketen zur Post,
der Bargeldbezug am Bitcoin-Bancomaten, der Umgang mit den eigenen Lieferanten – letztlich lauern hier die grössten Gefahren.

Einen Einblick in die Welt eines Darknet-Händlers gibt «Edelweiss».
Über ein Jahr lang stand er immer wieder Rede und Antwort, stets er-
picht darauf, keine konkreten Aussagen zu machen, die auf sein reales
Leben hindeuten könnten. Entstanden ist ein Gespräch über Hoffnungs-
losigkeit im Leben, abgrundtiefes Misstrauen gegenüber staatlichen Behörden, Gewinnaussichten im Darknet, die ständige Angst, von der
Polizei erwischt zu werden, und persönliche Zukunftsträume.[23]

Weshalb betreiben Sie Ihren Shop im Darknet? Sie könnten mit entsprechenden Vorsichtsmassnahmen auch im normalen Internet mehr oder weniger anonym agieren.

«Edelweiss»: Im normalen Internet ist man nicht anonym. Ausserdem kenne ich keine Internetseite, die annähernd den Service der Darknet-Plattformen bietet und «hackergeprüft» ist.

Sie sind auf verschiedenen Marktplätzen präsent.

Zuerst war ich in einem Forum aktiv, dann auf Abraxas. Seit Herbst 2015 vorwiegend auf Valhalla. Aber ich verkaufe nur Cannabisprodukte.

Liefern Sie Ihr Cannabis nur innerhalb der Schweiz?

Ja, ich will dereinst nicht wegen internationalen Drogenhandels vor Gericht stehen.

Wie entwickelt sich das Geschäft?

Das Geschäft läuft bombastisch. Wir sind beeindruckt und hätten das so nicht erwartet. Anfänglich bestellten die Leute nur 2,5 Gramm. Jetzt sind es meist 5 oder 10 Gramm. Pro Woche verschicke ich inzwischen etwa 200 Gramm von unserem Kraut.

Wer sind «wir»? Arbeiten Sie alleine oder in einer Gruppe?

Ich hatte ursprünglich einen regen Offline-Handel. Wir sind ein bewährtes altes Netzwerk. Lieferungen ab 250 Gramm.

Sind Ihre Produkte alles Eigengewächse?

Ja. Das Netzwerk unterscheidet zwischen Produktion und Vertrieb. Keiner hat mit beidem zu tun.

Sie sind also für den Vertrieb zuständig?

Seit es ein paar Leute an der Front «hops» genommen hat, ja. Ich kurble auch den Vertrieb über das Darknet an.

Aus dem Erlös bezahlen Sie Ihr Netzwerk und die Unkosten. Bleibt unter dem Strich etwas übrig oder ist das nur ein Nebenjob?

Ja, wir hatten vor einiger Zeit einen herben Verlust durch eine Aktion der Polizei. Wir wurden regelrecht dezimiert. Heute kann ich sagen: Ja, es bleibt etwas übrig. Sehr viel sogar. Wir würden es sonst nicht wieder tun.

Was ist passiert?

Ein langjähriger Kunde, der zu gierig wurde und auch mit Koks zu dealen begann, kam ins Raster der Polizei. Sie observierten ihn etwa sechs Monate lang. Ich selber hatte Glück.

Sie sind nun im Darknet aktiv.

Wir haben damals unsere Reserven zusammengekratzt und einen Garten gefunden. Das hat sich jetzt sehr gut entwickelt. Inzwischen können wir sechs verschiedene Sorten anbieten.

In welchem Umfang?

Jeder Erntezyklus ergibt etwa 10 Kilo Marihuana. Einen grossen Teil verteilen wir weiterhin offline. Das mit dem Darknet wissen nur der Gärtner und ich.

Was schaut bei dem Cannabishandel unter dem Strich heraus?

Der Umsatz liegt circa bei 10 000 Franken pro Monat. Das entspricht etwa einem Kilo. Die Preise sind je nach Deal sehr unterschiedlich. Kriterien sind die Art der Kunden, Menge, Qualität. Hier im Darknet ist mein Preis 12 000 Franken pro Kilo statt nur 7000 Franken pro Kilo wie im Offline-Handel. Wenn ich das ganze Kilo hier loswerde, bin ich 5000 Franken reicher. Und niemand stellt Fragen. Gleichzeitig bezahle ich dem Verein 7000 Franken.

Welchem Verein?

Ich nenne unser Netzwerk Verein. Wir brauchen Geld für Investitionen in die Infrastruktur: Aktivkohlefilter, neue Birnen, Dünger. Diese Investitionen bezahlen wir vom Vereinsgeld. Wenn das nicht reicht, dann schiessen wir alle Geld ein. Vor allem, wenn die Ernte mies war. Im Gegenzug werde ich vom Verein für jede Stunde, die ich umherfahre und Kraut verteile, entschädigt. Der Stundenlohn beträgt 35 Franken.

Im Darknet bezahlen Ihre Kunden mit Bitcoin. Wie machen Sie daraus Bargeld?

Ich tausche sie auf Börsen oder wenn es schnell gehen muss, wechsle ich die Bitcoins an einem der Bankomaten in Bargeld. Pro Tag kann man bis zu 2000 Franken herauslassen. Manchmal habe ich aber Schwierigkeiten, genügend Bitcoin zu tauschen, um Geld für den aktuellen Bedarf zu haben.

Haben Sie sonst noch einen Job?

Seit letztem Herbst konzentriere ich mich voll aufs Hobby, also auf den Handel im Darknet. Der Start war aufwendig. Luftpolsterumschläge besorgen, DVD-Hüllen kaufen. Ich habe das alles «en gros» eingekauft. Dazu kommen Depots, Briefmarken, passende Vakuumsäcke.

Wie funktioniert der Versand?

Ich gehe immer auf eine andere Post. Dazu fahre ich mit dem Zug durch die Schweiz und steige sehr oft um. Nebenbei benutze ich E-Bikes. Im Vergleich mit dem Aufwand im Offline-Geschäft betrachte ich dies hier als sehr gering.

Viele Staatsanwälte wissen nicht, was das Darknet ist.

Ja, das kann ich mir denken. Ich weiss, was es ist.

Die Grundlage für Ihr Geschäft ist das Unwissen der Ermittler?

Viel lieber würde ich ihnen mein Wissen verkaufen. Denn es gibt echt Arschlöcher, denen das Handwerk gelegt werden muss. Ich finde Cannabis ist das eine. Waffen, Organhandel usw. ist etwas anderes.

Reichen Ihre Einkünfte aus dem Cannabishandel fürs Leben?

Es würde theoretisch reichen. Praktisch tut es das nicht.

Warum nicht?

Wegen der Schulden. Alte Schulden und neue. Unbezahlte Steuern, Militärpflichtersatz, offene Krankenkassenbeiträge usw.

Wie alt sind Sie?

Ich sollte in meinem Leben an einem anderen Punkt stehen. Und das sieht man an meinem Lebenslauf.

Wie sind Sie aufgewachsen?

Ich hatte eine schwierige Kindheit. Genaues will ich dazu nicht sagen, Stichwort Kinderheim.

Haben Sie eine berufliche Ausbildung absolviert?

Ja, ich habe etwas im Bereich der Gastronomie gemacht. Eine Berufslehre.

Warum arbeiten Sie nicht mehr in dem Beruf?

Ich musste wie ein Verrückter arbeiten. Das geht an die Substanz. Dazu die schlechte Bezahlung in der Gastrobranche. Und Chefs, die unfähig sind.

Heute betreiben Sie offenbar eine Profianlage?

Was wir haben, ist noch nichts. Wir streben nach Grösserem.

Braucht diese Anlage nicht unglaublich viel Strom?

Ja, wir verbrauchen mehr Strom als das Coop oder die Migros im Dorf. Aber weil wir den Strom vor dem Messgerät abzapfen, merkt niemand etwas.

Wie viel Strom verbraucht Ihre Anlage?

10 Kilowattstunden in 24 Stunden. Wenn wir das legal beziehen würden, hätten wir innerhalb von Stunden die Polizei hier.

Wie gross ist Ihre Anlage?

Wir haben Kapazitäten bis circa 2000 Pflanzen. Jedes Blech hat 52 Pflanzen. Die Bleche werden bei jedem Zyklus gereinigt und desinfiziert. Manchmal müssen wir ganze Ernten vernichten. Das gibt mehrere Tonnen Abfall, die wir unauffällig entsorgen müssen. Wir sprechen hier von einer logistischen Aufgabe, die wir bewältigen müssen. Und dies unter besonderen Bedingungen.

Diese Logistik benötigen Sie aber so oder so, unabhängig vom Darknet als Vertriebskanal.

Ja, aber das Darknet ermöglicht uns, den ganzen dubiosen Zwischenhandel auszuschalten. Eigentlich ist das Darknet in diesem Sinn antimafiös. Dem offenen Schwarzmarkt werden die Kunden weggenommen. Zudem kann ich mich nicht nur gegen die Polizei schützen, sondern auch gegen dubiose Konkurrenten.

Wie viele Verkäufe haben Sie nun getätigt?

Weit über 1000 Sales. Gleichzeitig steigt der Bitcoin-Preis!

Was heisst das?

Bitcoin Investments werden bald wichtiger sein als das «Weed Business». Sowieso sollte man bei diesen Recherchen im Darknet ein Auge auf die

Bitcoin-Welt haben. Die meisten begreifen immer noch nicht, was es heisst, wenn man Drogenverkauf und Kryptofinanzierung kombiniert.

Wie viele Bitcoin bunkern Sie?

Ich wechsle nur wenig in Cash um. Ich investiere meine Bitcoin in verschiedenste Dinge. Und erhalte schon jetzt mehr Dividenden im Monat als mit einem Kapital von 100 000 Franken auf einer Bank. Es gibt übrigens auch schon Bitcoin-Debitkarten. Damit kann man bis 20 000 im Monat am Automaten abheben, ohne dass jemand dumme Fragen stellt. Wenn das so weitergeht, muss ich kein Weed mehr verkaufen. So kann ich beruhigt arbeiten und meine Abreise vorbereiten. Ich wäre dann kein böser Bube mehr, kein Krimineller. Fast niemand weiss von meinem kleinen Vermögen. Herrlich, dieser Gedanke.

Wie liefen die Bestellungen Ende 2016?

Ich habe den Shop Ende des Jahres mehr oder weniger zugemacht. Der Mietvertrag für den Garten war befristet. Aber leider hatten wir noch kurz vor der Ernte einen Stromausfall. Bei Arbeiten auf der Strasse haben Bauarbeiter an einem Freitagabend die Leitungen gekappt. Wir hatten übers ganze Wochenende kein Strom und kein Wasser. Weil das Gebäude eigentlich unbenutzt ist, stört dies niemanden ausser uns. Wir hatten einen Totalschaden. Leider konnte ich nicht bei der Gemeinde reklamieren und den Schaden geltend machen. Vorläufig habe ich also keinen Garten mehr. Ich habe auch den Wiederverkauf versucht, aber die Qualität stimmt nicht und die Zuverlässigkeit ist auch nicht garantiert. Nun ja, ich habe keine Schulden und suche nun einen neuen Raum. Eine Pause kann nicht schaden.

Wie läuft aktuell das Geschäft?

Bald habe ich mein einjähriges Jubiläum auf Valhalla. Mir fehlen noch wenige Tausend Franken und dann gehöre ich zu den schweren Jungs mit 100 000 Franken Umsatz. Mein Gärtner will jetzt auswandern. Mit dem neuen Nachrichtendienstgesetz bekommt er kalte Füsse. Er will seinen Gewinn realisieren. Er hat genug und will sein Glück nicht zusätzlich herausfordern. Er sass schon einmal und will das nicht wiederholen.

Nach Abzug der Investitionen und der Ausgaben bleibt wohl nicht viel übrig.
Ja, der Rückschlag der letzten Ernte minderte unser Budget. Totalverlust, neue Ausgaben, Garten suchen. Wir haben die neue Miete im Voraus gestemmt. Neue Samen gekauft. Jeder von uns hatte etwa 30 000 Franken auf der hohen Kante. Jetzt ist dies halbiert. Samen, Dünger, Ersatzteile. Aber es kommt gut. Es darf einfach nichts passieren.

Haben Sie keine Angst, erwischt zu werden?
Es gibt schon Zeiten, da denke ich darüber nach. Aber wenn mir niemand einen Zusammenhang zwischen einem Händler im Darknet und meiner Person nachweisen kann … Ich selber würde nie Informationen zum Zeitraum meiner Aktivität und zur Menge bekannt geben. Ich denke, für Ermittler wäre es sehr schwierig, mir nachzuweisen, dass ich im Darknet als Händler XY tätig bin.

Wie hoch ist inzwischen der Anteil, den Sie übers Darknet und offline verkaufen?
Ich betreibe inzwischen keinen Offline-Handel mehr.

Gar keinen Direktverkauf mehr?
Nein, nix mehr. Nie mehr. Warum auch?

Und was sagen die alten Kunden, wenn Sie nicht mehr liefern?
Ich habe halt einfach nichts mehr. Basta. Ich staunte selber, wie viele Personen man plötzlich nicht mehr sieht. Das hätte ich nicht erwartet.

Wenn die Migros meinen Lieblingskäse nicht mehr im Regal hat, gehe ich auch anderswo hin.

Ja, das stimmt schon. Aber zu gewissen Menschen hatte ich eine etwas tiefere Beziehung als nur Dealer/Kunde. Der Gras- und Marihuanaverkauf war mein soziales Netzwerk.

Das Darknet ist wegen seiner Anonymität besonders unpersönlich.

Ja, manchmal ist es schon etwas speziell. Ich sitze da im Zimmerchen und packe meine Tütchen ab und kein Mensch weiss davon. Haha.

Ich stelle mir das ziemlich einsam vor. Möchten Sie zwischendurch nicht Kollegen von der Arbeit erzählen?

Klar, das würde ich gerne …, sollte man aber nicht. «Mr. Weed» auf Dream Market ist ein Kollege von mir. Ihm habe ich gezeigt, wie das mit dem Darknet funktioniert. Ich habe mir also quasi selber Konkurrenz geschaffen. Immerhin helfe ich einem über 60-jährigen Menschen in einer schwierigen finanziellen Situation.

Warum?

Er war mal mein Chef. Damals hat er mir geholfen, jetzt helfe ich ihm.

Wie stellen Sie sich Ihre Zukunft vor?

Keine Ahnung. Manchmal überlege ich mir, auf See zu gehen. So ein Projekt auf einem Segelschiff, wo jeder Teilnehmer mitarbeitet. Ich wollte schon immer einmal segeln. Wahrscheinlich werde ich mir diesen Traum mit meinen Bitcoin einmal erfüllen. Das lockt mich, vielleicht so in einem oder in zwei Jahren. Vielleicht gönne ich mir zuerst einmal einen einwöchigen Segeltörn oder so.

11

OpenBazaar – der Albtraum der Ermittler

Im Kampf gegen die Schwarzmärkte im Darknet und gegen Cyberkriminelle im Allgemeinen schliessen sich Ermittlungsbehörden international mehr und mehr zusammen. Immer mal wieder gelingen Europol, Interpol und mit ihnen verbundenen nationalen Strafermittlern Achtungserfolge. Doch was den Handel mit illegalen Produkten und fragwürdigen Dienstleistungen betrifft, sind die Ermittlungsbehörden bereits mit der nächsten technischen Innovation konfrontiert: Unter dem Namen OpenBazaar lancierte eine unbekannte Anzahl Entwickler wenige Tage nach dem Shutdown von Silk Road 2.0 die Betaversion 4.0 der Open Source, um Marktplätze vollständig dezentral aufzubauen. Der Szeneblog *Insidebitcoin* schrieb: «Obschon OpenBazaar nicht viel Support im Sinn von finanziellen Zuwendungen erfuhr, schloss sich eine grosse Zahl Entwickler dem Team an – ohne zu wissen, ob sie jemals dafür bezahlt werden.»

Das Programm OpenBazaar – ursprünglich wurde das Projekt «DarkMarket» genannt – stellt eine komplett neue Organisation einer E-Commerce-Lösung dar. Heutige Onlinemärkte wie etwa Amazon oder E-Bay – genauso aber auch die anonymen Handelsplätze im Darknet – basieren letztlich auf einem zentralen Dienstleister, mit dem sowohl Anbieter als auch Käufer in Kontakt treten können, um Geschäfte abzuschliessen. Dabei müssen sich die Marktteilnehmer den Bedingungen des zentralen Dienstleisters fügen und für die verkauften Güter entsprechend Gebühren abliefern.

Handelsplatz ohne Zentrale

Anders bei OpenBazaar: Hier gibt es keinen zentralen Dienstleister mehr, der auf seinem Computer den Handelsplatz betreibt. Das Entwicklerteam beschreibt die technische Organisation so: «OpenBazaar hat eine andere Vorstellung von E-Commerce. Wir geben die Macht den Benutzern zurück. Statt dass Käufer und Verkäufer über einen zentralen Dienstleister koordiniert werden, verbindet OpenBazaar diese direkt untereinander. Weil zwischen den Transaktionen kein Vermittler auftritt, gibt es auch keine Gebühren, niemand kann einen Geschäftsabschluss verbieten und jeder Einzelne gibt so viele persönliche Informationen preis, wie er will.» Für regulierende und kontrollierende Behörden ist ein solcher dezentraler Handel ohne verantwortliche Person ein Albtraum.

Mit OpenBazaar wird nicht mehr eine Person als Inhaber des Servers einen Marktplatz betreiben und diesen Verkäufern und Käufern – gegen Gebühr – als Plattform zur Verfügung stellen. Vielmehr werden mit der dezentralen Struktur eine Vielzahl von Marktteilnehmern selber den Marktplatz aufrechterhalten. Wer das Programm installiert, kann hier Produkte anbieten, indem er seine Produktliste mit Preisangaben veröffentlicht. Alle, die ebenfalls OpenBazaar installiert haben, können diese Produktliste einsehen. Jeder, der auf OpenBazaar aktiv sein will – ob Käufer oder Verkäufer –, wird so zum Mitbetreiber des Marktplatzes. Interessierte Käufer finden anschliessend das gesuchte Produkt auf einer Liste von Anbietern. Kaufinteressierte können daraufhin den geforderten Preis akzeptieren oder einen neuen Preis bieten.

Wenn sich beide Parteien einig sind, wird ein Vertrag zwischen Verkäufer und Käufer kreiert und an eine Drittperson im OpenBazaar-Verbund geschickt. Im Fall von Meinungsverschiedenheiten wird diese Drittperson, die zuvor von beiden als «Person des Vertrauens» akzeptiert wurde, eine Schiedsrichterfunktion ausüben. Diese Drittperson ist Teil des OpenBazaar-Netzwerks und kann sich irgendwo auf der Welt befinden. Sie ist quasi Zeuge des Vertrags. Die Überweisung erfolgt erst, wenn zwei der drei Personen zugestimmt haben. Diesen Drittpersonen kommt im anonymen Netzwerk eine besondere Rolle zu, ausschlaggebend ist letztlich deren Reputation.

Die Sache mit der Glaubwürdigkeit

Die Macher von OpenBazaar stellen sich das so vor: «Der Markt hat ein Reputations- und Bewertungssystem. Alle Marktteilnehmer können über andere Nutzer Rückmeldungen abgeben. Falls jemand einen anderen Nutzer betrügt, wird seine Reputation leiden. Das gilt auch für die Personen des Vertrauens.» Damit kann jedermann vor einer Transaktion prüfen, ob die Community dem Geschäftspartner – und der Drittperson – vertraut – oder eben nicht. Anders gesagt: Die Menge entscheidet über die Glaubwürdigkeit der Marktteilnehmer.

Der Deal zwischen Verkäufer und Käufer, also der eigentliche Geschäftsabschluss ist nichts anderes als eine getroffene Vereinbarung und basiert auf der Blockchain-Technologie. Ähnlich wie bei einer Bitcoin-Geldüberweisung sind sich auch hier zwei Parteien über den Austausch eines Werts einig. In diesem Fall bildet nicht der isolierte Geldtransfer, sondern eine umfassendere Vereinbarung über einen Handel den «Wert». Der griechische Kryptografie-Spezialist und OpenBazaar-Entwickler Dionysis Zindros schreibt in seiner technischen Analyse: «Die Absicht unseres ‹Web-of-trust› ist, die Schwelle der Vertrautheit zwischen Individuen zu messen, damit die Marktteilnehmer in kommerzieller Hinsicht Güter austauschen können. Ziel dieser Vertrauensbeurteilung ist es, das Risiko für Händler in einem dezentralen, anonymen Marktplatz so weit als möglich zu minimieren.» OpenBazaar-Entwickler Zindros betont: «Wir haben nun einen neuen Mechanismus eingeführt, der in diesem ‹Web-of-trust› vollständige Anonymität sicherstellt.» Dieses Netzwerk des Vertrauens werde damit zu einem unverzichtbaren Werkzeug für den Handel.

Horrorszenario für Ermittlungsbehörden

In Fachkreisen geht man davon aus, dass OpenBazaar schon in absehbarer Zeit die heutigen – zentral geführten und verwalteten – Marktplätze im Darknet ablösen könnte. Genau dies wäre für Ermittlungsbehörden ein Horrorszenario. Wer ist in einem solchen Konstrukt der Hauptbeschuldigte, wenn niemand mehr mit seinem Computer den Handel ermöglicht? Der *Guardian* schrieb dazu ohne Umschweife: «Ohne eine zentrale Verwaltung haben Ermittlungsbehörden keine andere Wahl, als jeden einzelnen OpenBazaar-Nutzer individuell zu verfolgen. So gesehen ist es geradezu unmöglich, das gesamte Netzwerk zu schliessen.» Die Verantwortlichen von OpenBazaar selber bringen es auf ihrem Blog auf den Punkt: «Sagen wir es doch, wie es ist: OpenBazaar ist wie ein Baby von eBay und BitTorrent.» Damit charakterisieren sie OpenBazaar als Mischform einer klassischen Handelsplattform und einer Peer-to-Peer-Tauschbörse, wie sie für das anonyme Filesharing genutzt werden (z. B. für illegale pornografische Inhalte).

In der Schweiz ist bisher noch kein Fall publik geworden, bei dem OpenBazaar in eine Strafverfolgung involviert gewesen wäre. Doch international sind die Ermittler alarmiert. So demonstrierte Europol letztes Jahr Spezialermittlern von beteiligten Ländern, wie ein skandinavisches Netzwerk konstituiert ist. Die – aus ihrer Sicht – beängstigende Erkenntnis: In diesem Netzwerk konnte tatsächlich kein physischer Serverzugriff mehr definiert werden. Bruchstücke der Daten waren «cloud-mässig» auf verschiedenste Rechner verteilt. Ein führender Ermittler des Bundesamts für Polizei warnt: «Das wird die nächste Stufe sein. Da werden sich für uns Ermittler auch rechtlich ganz viele Fragen stellen. Für unsere Arbeit ist oft entscheidend, wo sich die Daten befinden. Bei einer Netzstruktur wie OpenBazaar ist es schwierig, diese Fakten zu klären.»

12

Überforderte Ermittler und schadenfrohe Kriminelle

Es gibt sie, die spektakulären Erfolge der Ermittler. Wie etwa bei der Aufklärung der Hintergründe zum Münchner Amoklauf im Juli 2016. Damals erschoss ein 18-jähriger Schüler im und um das Olympia-Einkaufszentrum neun Menschen und richtete sich anschliessend selber. Seine Waffe hatte er im Darknet gekauft. Wenige Wochen später schnappte die Polizei den Waffenhändler, der dem Amokläufer für 4350 Euro eine Glock-17-Pistole verkauft hatte. Der Fall zeigt mustergültig, wie die Polizei die Barriere von der realen Welt in die anonymen Tiefen des Internets überwinden kann: über Umwege, mit klassischer kriminalistischer Ermittlung.

Deutsche Zollfahnder, so berichtete der *Spiegel,* wurden kurz nach dem Amoklauf auf einen 62-jährigen Buchhalter aus Nordrhein-Westfalen aufmerksam, der sich illegal eine Pistole gekauft hatte und per Post an seinen Arbeitsplatz schicken liess. Die Ermittler stellten den Buchhalter im Büro, das Paket mit der Pistole lag noch auf dem Tisch. Mehr oder weniger freimütig gestand der Buchhalter, dass er sich die Waffe im Darknet bei einem Händler namens «Rico» gekauft hatte. «Rico» wurde von den Ermittlern bereits seit Längerem verdächtigt, auf anonymen Marktplätzen im Darknet mit Waffen zu dealen. An ihn herangekommen waren sie allerdings nicht.

Klassische Ermittlerarbeit

Mit dem Buchhalter erhielten die Fahnder ihre Chance. Sie machten ihm klar, dass er selber ein harmloser Fall sei und möglicherweise mit einer glimpflichen Strafe davonkommen könnte – falls er umfassend aussagen würde. So rückte er den Ermittlern schliesslich seine Zugangsdaten für den Waffenmarkt im Darknet heraus. Die Fahnder verfügten nun über eine ideale Tarnidentität. Als verdeckte Ermittler nahmen sie mit Waffenhändler «Rico» Kontakt auf und kauften bei ihm weitere Waffen. Als «Rico» mit den bestellten Waren zum Treffen fuhr, schnappte die Falle zu. Ein Spezialkommando der Zollfahndung verhaftete den 31-Jährigen – in seinem Auto hatte er eine Glock-Pistole, eine Maschinenpistole und Hunderte Schuss Munition.

Der Münchner Fall zeigt aber nicht nur, wie sich Ermittler erfolgreich im Darknet bewegen können. Die Aufklärung des tragischen Ereignisses verdeutlicht auch, dass das Darknet weit über die klassischen Cybercrime-Delikte hinweg wichtig geworden ist. Wer sich mit illegalen Substanzen, Waffen und anderen fragwürdigen Dienstleistungen eindecken will, findet im Darknet geradezu ein Einkaufsparadies – so auch der Amokschütze von München. Alles mehr oder weniger frei zugänglich für jedermann und dazu noch anonym.

Die Bedeutung dieser verborgenen Märkte und ihre Auswirkung auf die Kriminalität wird von vielen Strafverfolgern verkannt. Polizisten und Staatsanwälte haben teilweise schlicht keine Vorstellung, was sich hinter dem Begriff Darknet verbirgt. Spezialisten sorgen sich um das Desinteresse ihrer ahnungslosen Kollegen. Nur wenigen Strafverfolgern scheint bewusst zu sein, welche Möglichkeiten das Darknet Kriminellen bietet. Ein hoher Ermittler des Bundes sagt geradezu zynisch: «Rein aus Täterperspektive: Ich könnte mir keinen sichereren und besseren Ort vorstellen als das Darknet.» Eigentlich möchte er sagen: «Wäre ich ein Krimineller, würde ich das Darknet nutzen.»

Für Ermittler «ein prioritäres Handlungsfeld»

Tatsächlich werde das Darknet für Kriminelle immer wichtiger, sagt der Zürcher Staatsanwalt Stephan Walder, Leiter des Kompetenzzentrums Cybercrime. Was das konkret bedeutet, lässt er offen. Im Bereich Cybercrime werde gemäss Studien «bei etwa einem Drittel der Fälle das Darknet bewusst eingesetzt». Für Tobias Bolliger, Leiter der Koordinationsstelle zur Bekämpfung der Internetkriminalität (Kobik) des Bundes ist klar: «Das Darknet wird für eine enorme Vielfalt an kriminellen Aktivitäten genutzt.» Wie oft Kobik im Darknet ermittelt, will Bolliger «aus taktischen Gründen» nicht sagen. Die anonymen Marktplätze seien aber für Interpol und Europol ein «prioritäres Handlungsfeld».

Im Bereich Cybercrime dürften heute schon viele Taten indirekt mit dem Darknet zusammenhängen. Ein Cyberspezialist des Fedpol schätzt, dass sich zurzeit etwa die Hälfte der internationalen Operationen auf Darknet und auf virtuelle Währungen beziehen. Und doch spricht kaum jemand über diese verborgenen Winkel des Internets und die vielfältigen Möglichkeiten für kriminelle Machenschaften. Bei der strafrechtlichen Aufarbeitung von klassischen Cybercrime-Delikten stehen die verübten Straftaten im Vordergrund, etwa wenn mit spektakulären Hackerangriffen bei Unternehmen Daten entwendet werden.

Welche Rolle aber die anonymen Bereiche im Untergrund des Internets für die Kriminalität ganz allgemein spielen, ist für die Strafverfolgungsbehörden bisher kein Thema. Längst sind aber Fälle dokumentiert, in der mutmassliche Täter sich im Darknet mit Tatwerkzeugen eingedeckt haben, sei es mit IT-Dienstleistungen oder mit Waffen. So haben die Anbieter auf den Darknet-Marktplätzen wenig zu befürchten, allenfalls wird – wie im Fall des Münchner Amoklaufs – ein einzelner Händler aus dem Verkehr gezogen. Wo hingegen Cyberkriminelle ihre Tatwerkzeuge konkret beschaffen, ist oft nicht nachvollziehbar, weil nur schon die Ermittlung der effektiven Tat aufwändig genug ist. Trotzdem sagt ein Cyberspezialist von Fedpol: «Schon seit mehreren Jahren ist für uns klar, dass ein grosser Teil der kriminellen Aktivitäten im Bereich Cybercrime – vor allem die organisierten Bereiche – mit dem Darknet zusammenhängen.»

Von Yahoo bis Ruag

Nur die wenigsten Hackerangriffe gelangen an die Öffentlichkeit, bekannt werden allenfalls prominente Fälle. Etwa wenn Yahoo innerhalb von zwei Jahren gleich zweimal Opfer von Hackern geworden ist. 2014 wurden die Daten von 500 Millionen Kunden gestohlen; im Dezember 2016 gab der Internetkonzern bekannt, dass 2013 eine Milliarde Kundendaten entwendet wurden. Beim grössten Datenklau aller Zeiten beschafften sich Unbekannte Namen, E-Mail-Adressen, Telefonnummern, Geburtsdaten, Passwörter. Die Urheber des riesigen Hacks konnten nie eruiert werden. Oder beim Schweizer Rüstungskonzern Ruag: Hier infiltrierten Unbekannte das Firmennetzwerk und entwendeten über einen Zeitraum von über einem Jahr über 20 Gigabyte Daten, bevor der Angriff Anfang 2016 überhaupt entdeckt wurde. Es ist fraglich, ob die Täterschaft überhaupt jemals eruiert werden kann. Die Ermittler konzentrieren sich vorrangig darauf, den Cyberangriff zu rekonstruieren, um daraus wenigstens Strategien für künftige Abwehrmassnahmen entwickeln zu können.

Viele Firmen verhindern jegliche Publizität, wenn sie von Hackern erpresst oder wenn Daten abgesogen werden. Gerade kleine und mittlere Unternehmen regeln solche Vorkommnisse meist selber – nicht zuletzt auch wegen der so geringen Erfolgschancen der Ermittlungen. Die mit Angriffen konfrontierten Unternehmen rüsten ihre IT-Sicherheit auf und gehen zum Alltag über. Die Anbieter von Hackerdienstleistungen bleiben im Dunkeln, sie bieten ihren fragwürdigen Service weiter an – auch auf den Handelsplätzen im Darknet.

Sogar wenn Firmen die Cybercrime-Delikte wie Angriffe mit Ransomware (Erpressungssoftware) oder DDoS-Attacken anzeigen und die Täterschaft dereinst sogar ermittelt werden könnte, dürfte dies kaum Folgen für die Handelstätigkeit auf den anonymen Marktplätzen haben. Allerdings können sich die Anbieter solcher Schadprogramme ohnehin freuen. Denn zum einen regeln viele Firmen in der Schweiz Hackerattacken intern, und zum anderen übersteigt die Zahl der Strafanzeigen ohnehin die Kapazitäten der Strafverfolgungsbehörden. Die Bundesanwaltschaft und kantonalen Untersuchungsbehörden machen keinen Hehl daraus, dass bei ihnen Hunderte von Strafanzeigen unbearbeitet liegen bleiben. Gemäss *NZZ am Sonntag* sind es beim Bund etwa 400 bis 500 und beim Kanton Zürich sollen es ebenfalls mehrere Hundert Strafanzeigen sein. Niemand getraut sich öffentlich zu sagen, dass die meisten dieser Straftaten – bis auf wenige Ausnahmen – nie aufgearbeitet, geschweige denn geklärt werden.

Das Desaster im Fall des Marokkaners F. E.

Der Fall des marokkanischen Hackers F. E. wäre eigentlich eine solche Ausnahme: Er ergaunerte mit zwei Kollegen und gefälschten Phishing-E-Mails die Zugangsdaten von weltweit 133 600 Kreditkartenbesitzern – und räumte deren Konten leer. Allein in der Schweiz sollen die drei mutmasslichen Täter über drei Millionen Franken erbeutet haben. Der Fall entwickelte sich aus Ermittlersicht erfreulich, endete aber schliesslich im Desaster: Die thailändische Polizei verhaftete die drei 2014 und 2015 und lieferte sie an die Schweiz aus. Es sah anfänglich gut aus für die Bundesanwaltschaft, die Schweiz wollte an den Cyberkriminellen ein Exempel statuieren. Alle drei hatten Geständnisse abgelegt, sie traten sogar den vorzeitigen Strafvollzug an. Im sogenannten abgekürzten Verfahren wurde ihnen in Aussicht gestellt, dass sie im Gegenzug zu ihren Geständnissen mit einer glimpflichen Gefängnisstrafe von drei Jahren davonkämen und ihre im Ausland verübten Straftaten nicht weiter verfolgt würden. Ein Pilotfall, frohlockte die Bundesbehörde zunächst noch, handelte es sich doch weltweit um die erste Anklage wegen Phishing.

Doch der Musterfall, in den die Bundesanwaltschaft mehrere Jahre Ermittlungen investiert hatte, endete peinlich. Das Bundesstrafgericht lehnte im Herbst 2016 den Deal zwischen der Bundesanwaltschaft und den Cyberkriminellen ab. Die Schweiz sei nicht zuständig für die Beurteilung von Straftaten im Ausland, hiess es. Die Bundesanwaltschaft müsse den Fall neu aufgleisen, entschied das Bundesstrafgericht – und ordnete die Freilassung der drei Täter an. Was aus dem Fall wird, ist unklar. Sicher ist nur das Signal an andere potenzielle Täter: Sie haben wenig zu befürchten, selbst wenn sie erwischt werden.

Konkrete Ermittlungen im Darknet gibt es in der Schweiz ohnehin praktisch keine. Das bestätigen mehrere Strafverfolger. Die geahndeten Fälle von verbotenerweise eingeführten Heilmitteln und Dopingsubstanzen gehen fast ausschliesslich auf die Aktionswoche «Pangea» zurück. Hier kontrollieren Zollbehörden einmal jährlich weltweit systematisch grenzüberschreitende Postsendungen, um Medikamentenfälschern das Handwerk zu legen. Das Jahr hindurch beschränken sich Swissmedic und Antidoping Schweiz mehr oder weniger darauf, den Berg der Meldungen des Zolls abzuarbeiten. Die Zeit hierfür reicht Swissmedic aufgrund der geringen Ressourcen nur knapp, bis die Meldungen der nächsten «Pangea»-Aktion eintreffen.

Was ist Cybercrime?

Es gibt noch ein weiteres Problem bei der Jagd nach Kriminellen im Internet. Unter den Ermittlungsbehörden herrscht teils völlig unterschiedliches Denken. Alleine schon was die Grundsätze im Kampf gegen die illegalen Tätigkeiten im Internet betrifft. Die Unklarheiten beginnen bei der Definition des Begriffs Cybercrime – im Grunde ein

Phantombegriff. Es gibt kantonale Ermittler, die verstehen bereits einen Betrug auf einer Internet-Versteigerungsplattform als Cybercrime. Andere Staatsanwälte sprechen sogar dann von Cybercrime, wenn bei einem Delikt ein Computer im Spiel ist. Am liebsten möchten sie solche Fälle ihren Cybercrime-Spezialisten übergeben.

Die Spezialisten auf der anderen Seite sprechen erst von Cyberkriminalität, wenn es um Computerdelikte geht im Sinn des Strafgesetzes Artikel 143 ff., also um «unbefugte Datenbeschaffung» und um «unbefugtes Eindringen in ein Datenverarbeitungssystem». Darunter sind beispielsweise Phishing und Hackerangriffe auf Unternehmen zu verstehen. Richtigerweise versuchen die Spezialisten des Bundes, ihre Kapazitäten in diesem Bereich einzusetzen.

In den letzten Jahren haben sich die verschiedenen Stellen von Bund und Kantonen immerhin zusammengefunden, um die Art der Delikte aufzulisten, die unter den Sammelbegriff Cybercrime fallen. Nach zwei Jahren Diskussion einigten sich die beteiligten Stellen immerhin auf eine Liste mit 26 Phänomenen. Wer aber bei welchem Phänomen konkret zuständig ist, sorgt weiterhin für Diskussionen. Grundsätzlich liegt die Kompetenz zur Strafverfolgung bei den Kantonen. Nur bei wenigen Delikten ist der Bund zuständig. Das Problem dabei: Die Hintermänner einer Phishing-Aktion machen vor Kantonsgrenzen ebenso wenig Halt wie erpresserische Hackerattacken auf Unternehmen. Damit entsteht die Gefahr, dass mehrere Kantone an identischen Fällen arbeiten, ohne voneinander zu wissen.

Ein Missstand ist auch der chronische Personalmangel bei den Ermittlungsbehörden. Die Koordinationsstelle für Internetkriminalität (Kobik), eigentlich ein Zusammenschluss kantonaler Einheiten unter dem Schirm des Bundesamts für Polizei, verfügt gerade einmal über zehn Stellen. Sie sind für Tausende von Phishing- und Hackingmeldungen zuständig. Sie führen verdeckte Ermittlungen auf Chatplattformen durch und fahnden nach Pädophilen, die sich auf verschiedenen Plattformen an Kinder heranmachen oder mit verbotenem pornografischem Fotomaterial handeln. Der Kobik-Crew gehören unbestrittenermassen die fachlich besten Ermittler an. Doch sie haben de facto keine Zeit, sich der Cyberdelikte anzunehmen und beispielsweise im Darknet – etwa als abschreckende Massnahme – fragwürdige Schweizer Händler aus dem Verkehr zu ziehen.

Fall Ruag: Für die Täter wohl folgenlos

Fraglich ist auch, wie die Ermittler unter diesen Voraussetzungen grosse Fälle aufklären sollen. Etwa jenen, als Anfang letzten Jahres der Schweizer Rüstungskonzern Ruag von einer massiven Cyberattacke betroffen war. Russische Hacker sogen beim Rüstungsunternehmen grosse Mengen heikler Daten ab – und niemand bemerkte es (s. S. 156). Die technische Aufarbeitung beschert den Behörden bereits genügend Aufwand – aus Sicht der Abwehr immerhin eine wichtige und nicht zu vernachlässigende Arbeit. Aber strafrechtlich wird dieser Fall für die Täter wohl ohne Folgen bleiben.

Ernüchterung herrscht auch im Kanton Zürich, wo vor über drei Jahren ein Kompetenzzentrum Cybercrime auf die Beine gestellt wurde, das sich als eigener, interdisziplinärer Bereich innerhalb der Staatsanwaltschaft der verschiedensten Computerdelikte annehmen sollte. Bis 2015 hätten über 30 Spezialisten angestellt werden sollen. Ende 2016 war gerade einmal die Hälfte rekrutiert. Mehrere angeheuerte Spezialisten sind bereits wieder abgesprungen. Der Kanton Zürich will zwar an den Ausbauzielen festhalten, doch bis wann das Kompetenzzentrum mit seinen zwei Staatsanwälten und dem bescheidenen Mitarbeiterstab den Sollbestand erreichen wird, ist nicht klar.

Aus mehreren Kantonen ist inzwischen zu hören, dass es in der Schweiz mehrere solche Kompetenzzentren geben sollte – womöglich kantonsübergreifend organisiert. Wo aber diese Cybercrime-Zentren dereinst angesiedelt werden sollen, weiss niemand. Fraglich ist auch, wo sie ihr Personal rekrutieren sollen. Kurz: Ob solche zweifellos nötigen Kompetenzzentren jemals realisiert werden, steht in den Sternen. Gleichzeitig nimmt die Anzahl der Fälle exponentiell zu.

Aus dem Spezialisten-Heer wurde nichts

Eigentlich ist klar, was zu tun ist. Nur passiert nichts, auch zum Leidwesen der Ermittler. Stephan Walder, Leiter des Kompetenzzentrums Cybercrime: «Es gibt eine totale Verlagerung des gesamten Lebens ins Internet. Damit verschieben sich auch die Straftaten. Doch das Internet ist kein rechtsfreier Raum, das Gesetz gilt hier genau gleich. Allerdings wird im Internet noch relativ wenig Strafverfolgung betrieben. Wenn wir den Strassenverkehr betrachten, dann steht immer mal wieder ein Blitzkasten am Strassenrand oder die Polizei. Im Internet ist das nicht der Fall.»

Offiziell beschweren sich die verschiedenen Ermittlungsbehörden nicht über die fehlenden Ressourcen. Das mag einerseits mit dem Zeitgeist zusammenhängen, weil es aufgrund des Spardrucks der öffentlichen Hand wenig opportun ist, über knappe Ressourcen zu klagen und neue Stellen zu fordern. Andererseits werden Budgets nicht ausgeschöpft, weil die gesuchten Fachleute nicht in den Staatsdienst wechseln wollen, sondern lieber die offensichtlich höheren Lohnangebote der Privatwirtschaft vorziehen. Mehrere leitende Spezialermittler geben aber auch relativ offen zu, dass es nicht nur am knappen Personalbestand liege, sondern teils auch an der internen Organisation. Von anderer Stelle heisst es etwas lakonisch: «Wir machen einfach, was uns mit unseren Ressourcen möglich ist.» Und das ist leider oft nur wenig.

Doch die fehlenden personellen Ressourcen sind nur das eine. Teils mangelt es aufseiten der Ermittlungsbehörden noch am notwendigen Wissen über den Stellenwert von Computern in Kriminalfällen. Jüngere

Mitarbeiter von kantonalen Polizeikorps machen sich hinter vorgehaltener Hand lustig über ihre Vorgesetzten. Viele Führungskräfte wüssten kaum, von was die Rede sei, wenn an Sitzungen über Botnet (infizierte Computer werden zum Versand von Massen-Mails verwendet), DDoS (Webseiten von Unternehmen werden mit einer grossen Anzahl Anfragen bombardiert, bis sie zusammenbrechen) oder über AlphaBay (anonymer Markplatz im Darknet) diskutiert werde.

Vielen Ermittlern fehlt schlicht das nötige Know-how. Es ist keine Seltenheit, dass sogar Staatsanwälte, die auf Wirtschaftskriminalität spezialisiert sind, ihre Erkenntnisse über die riesigen Schwarzmärkte im Darknet aus der Zeitung haben. Viele kennen zwar das Missbrauchspotenzial im Internet, wissen aber nicht, wie Kriminelle ihre Spuren verwischen, wie anonyme Märkte funktionieren und welche Möglichkeiten den Strafverfolgungsbehörden zur Verfügung stünden. Zu tatsächlichen Ermittlungen im Darknet ist es in der Schweiz bisher praktisch gar nicht gekommen. Alle anhängigen Strafverfahren mit einem Bezug zu diesen Darknet-Marktplätzen gehen auf Ermittlungen internationaler Kooperationspartner zurück. So war es auch Ende 2014, als mit der internationalen Grossaktion «Onymous» unter anderem die Plattform Silk Road 2.0 stillgelegt wurde. Für die Schweiz resultierten daraus einige wenige Verfahren, die sich an einer Hand abzählen liessen. Dabei hatten die internationalen Partner der Schweiz mehr oder weniger fertig aufbereitete Dossiers geliefert.

Fehlende technische Kenntnisse

Doch nicht nur das Darknet ist bei Strafverfolgern Terra incognita. Bei vielen Staatsanwaltschaften fehlt es bereits an den grundlegenden technischen Kenntnissen über das Internet als Tatmittel für kriminelle Machenschaften. Der IT-Forensiker Maurizio Tuccillo, der bei Wirtschaftsdelikten im Auftrag von Staatsanwälten Computer analysiert und elektronische Spuren rekonstruiert, formuliert es so: «Staatsanwälte können mit der rasenden technischen Entwicklung nicht Schritt halten. Die Kluft zwischen dem erforderlichen und dem tatsächlichen Wissen wird immer grösser.» IT-Forensiker Guido Rudolphi, auch ein begeisterter Bitcoin-Miner, sagt es weniger diplomatisch: «Es ist noch immer so, dass für gewisse Staatsanwaltschaften nur schon das ganz normale Internet Neuland ist. Ermittler kapitulieren bereits, wenn ein Betrüger mit einer amerikanischen E-Mail-Adresse über einen Zahlungsprovider in Panama einen Webshop in China eröffnet und die Seite auf der Insel Tuvalu im Pazifik hosten lässt.»

Staatsanwälte und andere Ermittler beklagen mehr oder weniger offen, dass sie bei solchen Sachverhalten an ihre Grenzen kommen. Die zuständige Abteilung bei der Schweizer Heilmittelkontrollstelle Swissmedic, die eine eigene Ermittlungsabteilung führt und den illegalen Medikamentenhandel aufklären sollte, bezeichnet solche Konstruktionen als «grösste Schwierigkeit beim Kampf gegen den illegalen Handel mit Arzneimitteln». Man komme nicht weiter, wenn die «tatsächlichen Drahtzieher nicht sichtbar sind». Oder wenn hinter einem Angebot ein «anonymisierter Domainholder» stehe oder wenn «Pseudoadressen angegeben sind und dort dann nur irgendein Bürogebäude steht».

Am häufigsten stehen Ermittler in ihrer Arbeit an, wenn es um die Analyse der Kommunikation und der Finanzströme geht. Hier herrscht teilweise Ratlosigkeit, auch wenn dies niemand offen ansprechen will. Ein hochrangiger Ermittler des Bundes sagt: Bei den anonymisierten Kommunikationsmöglichkeiten müsse man kein IT-Profi mehr sein. Heute übliche Dienste, die von Millionen von Leuten benutzt werden, nutzen eine End-to-End-Verschlüsselung. «Dazu muss man nicht einmal ins Darknet.»

Ähnlich ist die Situation bei der Analyse von Finanzströmen. Wenn Bitcoin verwendet werden, wird es für Ermittler schwierig. Für IT-Forensiker Rudolphi ist klar, dass die Ermittlungsbehörden bei der Nachverfolgung von Bitcoin «völlig überfordert» sind. Trotzdem wehrt er sich dagegen, wenn es heisst, das Verwischen von Spuren sei ein neues Phänomen. Seiner Meinung nach macht es keinen Unterschied, ob Bitcoin oder klassische Zahlungsmittel zurückverfolgt werden müssen: «Spuren verwischen war immer einfach, schon als noch niemand vom Darknet gesprochen hat. Als Betrüger kann ich irgendeine Kreditkarte kaufen. Wenn ich meine Spuren verwischen will, dann kann ich mir jederzeit absolut anonym eine Kreditkarte organisieren. Da wird ein Staatsanwalt spätestens, wenn er bei einer Adresse in Panama gelandet ist, die Fahnen strecken. Das ist heute so und das war schon früher so.»

So denken Händler und Kunden im Darknet über Ermittler

Den Händlern und Kunden auf den Marktplätzen des Darknets ist nicht entgangen, dass die Strafverfolger vor grundsätzlichen Problemen stehen. Viele Händler fühlen sich im Darknet vor der Justiz offensichtlich relativ sicher. Aus Diskussionen in verschiedenen Foren geht hervor, dass man zwar Vorsicht walten lässt, jederzeit mit einem verdeckten Ermittler rechnet und verhindern will, in die Falle zu tappen. Und doch machen sich Marktteilnehmer in Foren seitenweise über inkompetente Polizisten und Staatsanwaltschaften lustig. Cannabishändler «Edelweiss» beispielsweise, der seit rund 20 Jahren mit Drogen handelt und verschiedentlich in Strafverfahren involviert war, äussert sich im Gegensatz zu vielen Kommentaren in Foren nicht abschätzig, aber doch klar. Angesprochen auf das Fachwissen der Ermittler in Sachen Darknet und Kryptowährungen sagt er: «Was ich bis jetzt erlebt habe, ist vernichtend. Ich weiss aber, dass es auch anders geht. Je nachdem, mit wem man es zu tun hat.»

Aus Gesprächen mit zahlreichen Ermittlern unterschiedlicher Behörden wird klar: Ausser bei wenigen kantonalen Cybercrime-Spezialisten, den Mitarbeitern von Kobik und Melani (Melde- und Analysestelle Informationssicherung des Bundes) sowie der Fachgruppe Cyber des Nachrichtendienstes herrscht ein eklatantes Informationsdefizit. Das fehlende Wissen betrifft nicht nur die Möglichkeiten der Verschlüsselung und des TOR-Netzwerks, sondern auch die Thematik der Kryptowährungen (Bitcoin) und das Ausmass der anonymen Marktplätze und deren Folgen für die Bekämpfung der Wirtschaftskriminalität und der Produktepiraterie.

Absurde Idee: TOR verbieten

Das mangelhafte Wissen der Ermittlungsbehörden führt teils auch zu kuriosen Fehleinschätzungen. So forderte der britische Premierminister David Cameron während seiner Amtszeit ernsthaft, um illegale Aktivitäten verhindern zu können, sollte verschlüsselte Kommunikation verboten werden. Für solche Ideen hat Sicherheitsanalyst und TOR-Mitentwickler Jacob Appelbaum nur Hohn und Spott übrig: «Das ist das lächerlichste Argument überhaupt. Geld wird auch nicht verboten, nur weil im Kapitalismus Kriminelle Geld benutzen.» Wer Drogen kaufen wolle, «geht auf die Strasse und kauft sich dort seine Drogen. Dazu braucht man kein Internet», sagt der Weggefährte von Wikileaks-Gründer Julian Assange.

Cyberkriminelle sind sich ihrer Position teilweise derart sicher, dass sie sich weit aus dem Fenster lehnen. Gelegentlich erlauben sie sich sogar, direkt mit Ermittlern zu kommunizieren. Damit zeigen sie, wie wenig Achtung sie für die staatlichen Behörden haben. Als Anfang letzten Jahres den Behörden ein wichtiger Schlag gegen Cyber-Erpresser gelang und zwei Verantwortliche der anonym agierenden Tätergruppe DD4BC und Armada Collective (s. Kapitel 1, S. 21) verhaftet werden konnten, gab es plötzlich Nachahmer-Gruppen. Sie benutzten wiederum den Namen Armada Collectiv und hofften wohl auf den Einschüchterungseffekt und somit auf weitere erfolgreiche Erpresseraktionen. Das wiederum hat dazu geführt, dass ein offensichtliches Mitglied der ursprünglichen Erpressergruppe bei der Schweizer Meldestelle Melani eine Nachricht deponierte:

> «I'm member of original Armada Collective and I have just noticed your report on Twitter. Armada Collective is dead. We have stopped all operations, because it wasn't profitable enough and risk was too big. When I realized that somebody is using our name I got mad. It is obviously an amateur copycat using our name who copied our text (maybe from your site) and is probably not even capable of launching DDoS attacks. Good luck with your investigation.»

Den Tätern mangelt es meist nicht an Selbstbewusstsein. Unmittelbar bevor Anfang 2016 eine internationale Polizeiaktion unter der Leitung des deutschen Bundeskriminalamts (BKA) mehrere deutschsprachige «Underground-Economy-Foren» schliessen konnte, deren Seiten teils auch im Darknet aufgeschaltet waren, diskutierten die Hintermänner im eigenen Forum über die aus ihrer Sicht unfähigen Ermittler. Sie frotzelten geradezu überheblich. Doch in diesem Fall täuschten sie sich. Nur Stunden nach diesen Postings, so erzählt ein involvierter Ermittler, erfolgte der Zugriff. In mehreren Ländern wurden insgesamt 69 Wohnungen und Firmenräume durchsucht. Beschlagnahmt wurden unter anderem 36 Kilo Amphetamin, 1,5 Kilo Kokain, 2 Kilo Haschisch und 2,3 Kilo Ecstasy.

13

Chancen für Behörden: Neue Strukturen und Kooperationen

Bei einigen Spezialermittlern hat inzwischen ein Sinneswandel stattgefunden. Ist von Bitcoin, TOR-Anonymisierung und Darknet die Rede, geht es nicht nur um Informatik. Gefragt sind auch wieder herkömmliche Ermittlungsansätze. «Interessanterweise führen die neuen Technologien zu einer Rückkehr zu klassischen Ermittlungsmethoden», sagt ein leitender Ermittler. «Das heisst, es braucht ‹Human Ressources›; also Personen, die wie vor 50 Jahren versuchen, das Vertrauen eines Kreises zu erlangen, um so an die Informationen zu gelangen, die man sonst über eine IP-Adresse erhalten würde. Oder durch die Rückverfolgung eines Zahlungsverkehrs. Das Problem dabei: Das ist ressourcenintensiv.»

Allerdings scheint es, gerade was den Umgang mit Bitcoin betrifft, bei den Ermittlungsbehörden ein echtes Informationsdefizit zu geben. Aus Gesprächen mit einem Dutzend führender Ermittler geht hervor, dass lediglich ein einziger Staatsanwalt Erfahrungen mit Bitcoin hat und die Kryptowährung persönlich, gewissermassen «zu Forschungszwecken», benutzt. Anders gesagt: Es ist, als ob ein Ermittler Geldströme einer Bank analysieren würde, ohne selber jemals Geld oder Bankdienstleistungen benutzt zu haben. Eine Fahnderin, die in der Bekämpfung des illegalen Medikamentenhandels tätig ist, sagt dazu: «Bitcoin ist ein schwieriges Thema. Wir bekommen diese Entwicklung mit. Aber solche Dinge sind absolut nicht unser Kerngeschäft.» Auf Deutsch: Die Frau ist überfordert.

Herausforderungen ohne Ende

Staatsanwalt Stephan Walder, Leiter des Zürcher Kompetenzzentrums Cybercrime, ist überzeugt, dass sich Strafermittler an Bitcoin gewöhnen müssen: «Wir sind hier noch ganz klar in den Kinderschuhen. Aber wir müssen damit leben, dass Bitcoin zu unserem Leben gehört. Und damit ist Bitcoin auch Teil unseres strafrechtlichen Lebens.» Der Europol-Ermittler Pedro Felicio, Sustrans Project Manager, Terrorismusbekämpfung und Financia Intelligence, schrieb in einer Analyse in der Fachzeitschrift *Kriminalistik:* «In jüngerer Zeit ergeben sich neue Herausforderungen durch virtuelle Währungen, die ein ideales Instrument für Geldwäsche zu werden scheinen. Kryptowährungen, die dezentraler Natur sind und die keine zentrale Verwaltungsstelle haben, werden die Ermittlungsbeamten, vor allem die Finanzermittler, schon in naher Zukunft und in der gesamten Europäischen Union, vor immer grössere Probleme stellen.»

Tatsächlich steht die Polizei in Bezug auf die illegalen Marktplätze im Darknet vor grundlegenden Problemen. Es geht um die Kombination verschiedener Phänomene, jedes ist für sich bereits komplex: Anonymisierung der Spuren im Internet, verschlüsselte Kommunikation, anonymisierte Zahlungsströme. Allerdings braucht es für Ermittlungen im Darknet mehr als nur technische Kenntnisse in diesen Bereichen. Fahnder müssen zwar über grundlegende Kenntnisse zum Aufbau des Internets verfügen. Gleichzeitig ist Erfahrung in der klassischen Ermittlungsarbeit unabdingbar. Hier stehen die Strafermittler in der Schweiz wohl erst am Anfang. Ken Gamble, Direktor der australischen Vereinigung Internet Fraud Watchdog und Präsident der australischen Sektion der International Association of Cybercrime Prevention liess sich vom australischen Journalisten und Filmemacher Iain Gillespie so zitieren: «Ermittlungsbehörden werden noch einen langen Weg gehen müssen, bevor sie ihre Ermittlungen gegen TOR-Benutzer effektiv verfolgen können.»

Es wäre aber wohl zu einfach, den zuständigen Ermittlungsbehörden einfach zusätzliche IT-Spezialisten zur Seite zu stellen. Mehrere international viel beachtete Fälle (z. B. Silk Road, «ShinyFlakes») zeigen, dass erst klassische kriminalistische Arbeit den Ermittlern die Identifizierung der Täterschaft ermöglichte. Im Fall der ursprünglichen Variante von Silk Road verfolgte der zuständige FBI-Ermittler akribisch Foreneinträge, bis er zeitlich die allererste Meldung aufspürte, in der jemals von Silk Road die Rede war. Und siehe da: Dank eines unvorsichtigen Posts konnte der Betreiber des Marktplatzes, Ross Ulbricht, identifiziert werden. Irgendwann musste der Silk Road-Gründer im offenen Internet ja auf seinen neuen Marktplatz aufmerksam machen, sonst hätte gar niemand davon erfahren (s. Kapitel 8, S. 108).

Die Qualifikation des Personals ist für die Polizei eine grosse Herausforderung geworden. «Es ist schwierig, die richtigen Leute zu finden. Ich benötige nicht den Polizisten mit dem klassischen Werdegang, der beim Kanton angestellt ist und nun wegen einer guten Stelle zum Bund wechseln will», sagt ein führender Ermittler des Bundes. «Ich benötige in meinem Team einige Polizisten, welche die Mentalität und das Denken eines Polizisten weitergeben können.» Gleichzeitig möchte er junge talentierte Informatik- oder Kriminologiestudenten – ohne polizeiliche Erfahrung – mit einem «Götti-Polizisten» zusammenzubringen. Eine Schwierigkeit ist allerdings, diese jungen talentierten Leute überhaupt zu finden. «Ich weiss zwar, dass es sie gibt, ich weiss auch, wo es sie gibt. Aber ich bin eben nicht der Einzige, der das weiss. Leider weiss das die Privatindustrie auch», sagt er. Ein Problem ist beispielsweise die Lohnsituation. Zwar zahle der Bund gute Löhne. «Aber gerade diese Spezialisten werden in der Privatindustrie ganz anders entlohnt. Dort verdienen sie locker das Doppelte.» Ein anderer leitender Fahnder argumentiert ähnlich: «Fachlich können wir logischerweise nicht jene Leute anziehen wie die Privatwirtschaft. Da haben wir zu wenig monetäre Anreize, das muss man ganz klar sagen.»

Wunderwaffe Staatstrojaner?

Für die Ermittler ist die Anonymisierung der Kommunikation in den letzten zwei, drei Jahren zu einem ernsthaften Problem geworden. Für Schwierigkeiten sorgt die End-to-End-Verschlüsselung, die inzwischen von zahlreichen Diensten angewendet wird. Selbst der Chatdienst WhatsApp, mit weltweit einer Milliarde Nutzern das zweitgrösste soziale Netzwerk, rühmt sich inzwischen mit einer solchen Verschlüsselung. Das heisst, die Daten werden noch auf dem absendenden Gerät verschlüsselt, bevor sie überhaupt ins Internet gelangen. Entschlüsselt werden sie erst auf dem Zielgerät.

Für eine strafrechtlich relevante Auswertung solcher Inhalte wäre der Zugriff aufs Gerät einer verdächtigen Person nötig. Doch ein Zwangsmassnahmengericht bewilligt kaum die Beschlagnahmung eines Computers bei einem blossen Verdacht auf eine Straftat. Allerdings bleibt ohne Gerätezugriff die Kommunikation zwischen einem Händler und einem Käufer im Darknet verborgen. So bleibt den Strafverfolgern letztlich nur die klassische Methode der verdeckten Ermittlung. Oder der Einsatz von einem Staatstrojaner, also einer staatlichen Ausspähsoftware, die verdächtigen Personen auf den Computer gepflanzt werden müsste. Diese Möglichkeit besteht theoretisch mit dem neuen Nachrichtendienstgesetz, das voraussichtlich am 1. September 2017 in Kraft treten wird.

Weil zunehmend auch alltägliche Kommunikationsdienste Nachrichten verschlüsselt übermitteln, gibt es unter Schweizer Strafermittlern und Strafrechtlern so etwas wie einen breiten Konsens. Sie sind sich einig, dass nur mit einem solchen Staatstrojaner – eine sogenannte Govware (Government Software) – wirksam ermittelt werden kann. Hinter einen Staatstrojaner stellt sich auch Strafrechtler und SP-Nationalrat Daniel Jositsch: «Ich war schon immer der Meinung, dass die öffentliche Sicherheit zumindest bei schweren Delikten eine gewisse Überwachung erforderlich macht. Die Strafverfolgungsbehörden und der Nach-

172

richtendienst müssen breit ausgerüstet und dafür genau kontrolliert werden», sagte er in einem Interview mit der *Neuen Zürcher Zeitung*. «Ohne Govware sind wir blind», erklärt ein leitender Staatsanwalt einer kantonalen Spezialeinheit. Er verweist auf den Drogenhandel, bei dem die Kommunikation inzwischen fast ausschliesslich über WhatsApp geführt werde.

Allerdings machen sich die Befürworter von Staatstrojanern womöglich falsche Hoffnungen. Denn gewiefte Händler im Darknet haben zur eigenen Tarnung längst neue Strategien entwickelt. Einige wählen sich über einen USB-Stick oder eine Speicherkarte, kaum grösser als ein Fingernagel, in die Marktplätze im Darknet ein. Wenn sie den anonymisierten Chatdienst der Marktplätze benutzen, ist somit auch die Kommunikation mit ihrer Kundschaft auf diesem USB-Stick gespeichert. IT-Forensiker finden dann allenfalls noch die Spur, dass ein Speichermedium in den Computer gesteckt – und später wieder entfernt – wurde.

Staatstrojaner: Übersteigerte Erwartungen

Ganz so einfach, wie viele meinen, werden die Ermittlungsbehörden verdächtige Drogenhändler also auch künftig nicht ausspähen können. Denn wird der Staatstrojaner dereinst so eingesetzt, wie vor der Volksabstimmung im September 2016 von den zuständigen Behörden versichert, wird diese Art der Informationsbeschaffung für die Cybercrime-Ermittler wohl nur einen beschränkten Nutzen bringen. Denn der Informationsdienst des Schweizer Nachrichtendienstes betonte damals, Eingriffe in die Privatsphäre sollten nur «mit grösster Zurückhaltung» erfolgen. Tatsächlich haben die zuständigen Behörden vor der Volksabstimmung versprochen, den Staatstrojaner nur bei schweren Straftaten einzusetzen. Gemäss dem neuen Nachrichtendienstgesetz muss jeder Einsatz von drei Instanzen abgesegnet werden: durch das Bundesverwaltungsgericht, durch den Sicherheitsausschuss des Bundesrats und durch den zuständigen Bundesrat persönlich. Ob ein Medikamenten- und Drogenhändler im Darknet diese Bedingungen für eine Überwachung per Staatstrojaner erfüllt, ist fraglich.

Alles andere als überzeugt vom Sinn und Zweck eines Staatstrojaners ist IT-Forensiker Guido Rudolphi. Er warnt sogar vor übersteigerten Erwartungen in diese Technik: «Der Staat wird Millionen und Abermillionen investieren müssen, damit die Spähsoftware aktuell gehalten – und nicht geknackt – werden kann. Denn sobald der Staatstrojaner erkannt wird, und das wird relativ schnell gehen, dann ist er wertlos.» Rudolphi bezeichnet einen Staatstrojaner salopp als «Mist». Es ist klar, was er von den Ideen der staatlichen Spähsoftware hält: gar nichts. «Wer eine schwere Straftat begehen will, schützt sich so, dass man mit einem Staatstrojaner nirgendwo hinkommt.» Kriminelle würden irgendwo in Zürich bei spezialisierten Händlern – absolut anonym – ein Pre-Paid-Handy kaufen, das nirgendwo registriert ist. Dann werde es von der Täterschaft eine Woche benutzt, anschliessend weggeschmissen und ein nächstes Gerät gekauft. Rudolphi: «Ein Staatstrojaner ist l'art pour l'art. Einige Politiker versuchen sich damit zu profilieren.»

Strukturprobleme

In der Schweiz haben bisher vor allem die Bundesbehörden mit der Melde- und Analysestelle Informationssicherung (Melani), der Koordinationsstelle zur Bekämpfung der Internetkriminalität (Kobik) sowie Spezialisten des Nachrichtendienstes Erfahrungen gemacht mit Ermittlungen im Darknet. Auf kantonaler Ebene sind vor allem die Zürcher Ermittler aktiv mit ihrem Kompetenzzentrum Cybercrime. Dazu kommen einzelne engagierte Staatsanwälte anderer Kantone (z. B. Bern, Waadt). Doch auch kleinere Kantone ohne Cybercrime-Abteilungen sind gelegentlich mit dem Darknet konfrontiert. Allerdings haben sie mit den eigentlichen Ermittlungen wenig zu tun. Bevor die Bundesbehörden solche Fälle an die Kantone weitergeben, werden sie in der Regel so weit aufbereitet, dass die internetspezifischen Analysen abgeschlossen sind. Die zuständigen Stellen auf Bundesebene sind dezidiert der Ansicht, dass es nicht reicht, einen Kanton darauf hinzuweisen, es gebe Phishing-E-Mails, die über einen Server vor Ort verschickt würden. Die Strafverfahren werden den Kantonen mehr oder weniger aufbereitet auf dem Silbertablett präsentiert. «Sonst klappt im Bereich Cyberkriminalität nichts», sagt ein Ermittler des Bundesamts für Polizei.

Auch die kantonalen Ermittlungsbehörden werden sich wohl bald den neuen Herausforderungen stellen müssen. Denn schon in den nächsten Jahren könnten klassische Delikte in einem Zusammenhang mit dem Darknet stehen. Insbesondere was die Aufklärung von Wirtschaftsdelikten und den Drogenhandel betrifft, könnten Ermittlungen im Darknet unabdingbar werden.

Einen Hinweis auf grundlegende Veränderungen beim Internet als Tatmittel geben die jüngsten Jahresberichte der Koordinationsstelle zur Bekämpfung der Internetkriminalität. Die gemeldeten Fälle von Vermögensdelikten überflügeln längst die Fälle von strafbaren Handlungen gegen die sexuelle Integrität. Doch in der Schweiz liegt das Schwergewicht der Ermittlungen im Bereich Cybercrime aufgrund eines politischen Entscheids seit 2003 bei der Bekämpfung von Kinderpornografie, auch «Pädopornografie» genannt. Dieser Bereich hat auch heute noch Priorität. Allerdings haben spektakuläre Hackerangriffe auf Unternehmen und Institutionen dazu geführt, dass bei der Kobik nicht mehr ausschliesslich Fälle von Kinderpornografie untersucht werden. Auch Delikte aus anderen Cybercrime-Bereichen werden prioritär behandelt.

Bei Europol ist man einen Schritt weiter. Die Cybercrime-Spezialtruppe EC3 setzt bei der Bekämpfung von Cybercrime darauf, die Hersteller und Verbreiter von Schadprogrammen (Viren, Trojanern, Malware usw.), sogenannte Codierer, zu identifizieren und aus dem Verkehr zu ziehen. Für Troels Oerting, der bei der Europol-Spezialgruppe seit den Anfängen 2013 bis 2015 als Chef tätig war, ist klar: Dem Darknet komme hinsichtlich des Vertriebs von Tatmitteln – beispielsweise Software – eine grosse Bedeutung zu. «Die Gruppen der organisierten Kriminalität kaufen von dieser ‹Cybercrime-Elite› ihre Produkte, meistens über die Verkaufsseiten im sogenannten Deep Web, um sie anschliessend in aller Welt einzusetzen.»[24]

Ermittler haben aber ein Problem, über das sie nicht gerne sprechen: den eigenen Know-how-Verlust. Immer wieder verlassen Wissensträger die Ermittlungseinheiten. Manchmal wechseln sie einfach zu anderen Gruppen, die sich ebenfalls um Cybercrime kümmern. Doch nicht selten verlassen sie die Spezialeinheiten ganz – mitunter auch auf der Führungsebene. So wechselte ausgerechnet die Nummer eins von Europols Cyber-Spezialgruppe, der Däne Troels Oerting, Anfang 2015 als Chief Security Officer und Chief Information Security zur Barclays Bank. Oerting war seit 2009 Assistant Director von Europol und baute 2013 die Spezialeinheit European Cyber Crime Unit (EC3) auf. Er gilt als Wegbereiter der erfolgreichen internationalen Kooperationen im Kampf gegen die Kriminalität im Internet. Das von ihm kreierte Spezialteam EC3 geniesst international hohen Respekt. Zu einem Wechsel an der Spitze ist es letztes Jahr auch im deutschen Bundeskriminalamt (BKA) gekommen. Carsten Meywirth, leitender Kriminaldirektor der Spezialgruppe Cybercrime (SO 4) in Wiesbaden, wurde Mitte 2016 innerhalb des BKA auf einen anderen Posten befördert, der allerdings keinen Zusammenhang mehr mit Internetkriminalität hat.

Ermittlungen im Darknet via normales Internet

Entgegen den pauschalen Äusserungen verschiedener Strafverfolger sind Ermittlungen im Darknet nicht per se unmöglich. Nur weil mit dem TOR-Browser keine Rückschlüsse auf den Standort eines Computerbenutzers gezogen werden können und die Benutzung von Bitcoin die

Nachverfolgung von Zahlungsströmen erschwert, heisst dies noch lange nicht, dass keine Erkenntnisse über eine allfällige Täterschaft gewonnen werden können. Paradoxerweise erfordern die Ermittlungen im hochtechnisierten Darknet geradezu klassische Methoden. Beispielsweise kann die gezielte Auswertung von Nutzerprofilen auf mehreren Marktplätzen und deren Äusserungen in verschiedenen Foren vielfach sehr konkrete Rückschlüsse auf ihr Umfeld liefern und Ausgangslage sein für eine weiterführende gezielte Personenrecherche.

Viele Händler sind eitel und wollen von ihren Kunden gelobt und positiv bewertet werden. Hier lassen sich immer wieder Hinweise zur Person finden. Zudem bieten etliche Anbieter von pharmazeutischen Produkten und Drogen ihre Ware auch im Direkt- bzw. Strassenverkauf an. Andere sind auf einschlägigen Seiten im normalen Internet präsent, die Angebote auf den Marktplätzen des Darknets sind quasi nur gespiegelte Seiten des offenen Internets – oder umgekehrt. Die Betreiber dieser Webseiten verschleiern ihre Identität vor allem damit, dass sie ihre Server in Osteuropa oder auf entfernten Inselstaaten domizilieren. Solche Webshops oder Foren werden der sogenannten Underground Economy zugerechnet. Dabei handelt es sich um anonyme Webseiten. Doch sie sind nicht Teil des Darknets, sondern im offen zugänglichen Internet aufgeschaltet und mit einem herkömmlichen Browser auffindbar.

Wertvolle Ansätze ergeben sich für Ermittler auch aus der Tatsache, dass Cyberkriminelle ihre Arbeitsweise letztlich – wie in der normalen Wirtschaft auch – effizient gestalten wollen. Wer Bilder wiederverwenden kann, tut dies bei kriminellen Tätigkeiten genauso wie im normalen Leben. Wer in der normalen Geschäftswelt bei der Textbearbeitung die Funktion «Copy & Paste» benutzt, macht dies auch im Darknet. So kann beispielsweise mit einer Google-Bildersuche mit wenigen Klicks überprüft werden, ob ein Drogendealer neben seinem Shop im Darknet auch im offenen Internet präsent ist. Im Darknet verwendete Symbole,

Logos, Fotos oder Schriftzüge führen womöglich zu einem «Underground Economy»-Shop im offenen Internet. Je nach Land, in dem die fragliche Webseite gehostet wird, kann die Identität einer Zielperson über den Weg der internationalen Rechtshilfe innerhalb nützlicher Frist eingeholt werden.

Eine ähnliche Möglichkeit ergibt sich aus einer Google-Suche mit einem ganzen Textausschnitt, etwa einer Produktbeschreibung oder einer Passage eines Händlerprofils auf einem Darknet-Marktplatz. Wer solche Textelemente von fraglichen Händlern im normalen Netz googelt, staunt unter Umständen über das Resultat. Viele Händler benutzen ihren Nutzernamen auch im offenen Internet und beteiligen sich auch mal an – an sich harmlosen – Diskussionen. Dabei beachten sie aber nicht, dass sie dort Spuren hinterlassen, die Ermittlern gegebenenfalls die hinterlegte IP-Adresse verraten und sie so zu ihrem Standort führen können. Um Händler im Darknet zu enttarnen, braucht es also nicht unbedingt (nur) IT-Spezialisten, sondern auch Ermittler, die sich mit Techniken aus dem Bereich Open Source Intelligence (OSINT) auskennen.

Die Anonymität, wie sie im Darknet oft thematisiert wird, ist kein neues Phänomen. Auch im offenen Internet können Kriminelle ihre Spuren verwischen. Eine beliebte Verschleierung von Webseiteninhabern ist etwa, einen fragwürdigen Onlineshop in Osteuropa oder auf entfernten Pazifikinseln wie Tuvalu oder Vanatu zu domizilieren. Für wenige Franken lassen sich dort Internetadressen kaufen. Statt den eigenen Namen kann man für weniger als 20 Franken einen Treuhandservice buchen, dessen Name dann bei einer Domainsuche als Inhaber der Internetadresse erscheint.

Auch Betrüger liegen manchmal falsch

Es gibt Betrüger, die glauben, sich bereits mit einer solch simplen Massnahme vor einer Strafverfolgung schützen zu können. Doch damit liegen sie falsch. Während es für hiesige Behörden noch vor wenigen Jahren ein Ding der Unmöglichkeit war, in einem fernen Land einen Hintermann einer Webseite herauszufinden, funktioniert der internationale Austausch solcher Informationen inzwischen auf breiter Front. Verschiedenste Polizeikorps der Schweiz und Deutschland pflegen mit Ermittlungsbehörden anderer Länder intensiven Austausch, Kooperationen oder gemeinsame Weiterbildungsprogramme. Daraus ergeben sich unter den Ermittlern wertvolle Kontakte, sodass ein Rechtshilfegesuch plötzlich im Partnerland äusserst effizient bearbeitet wird.

Auf diese Weise schnappten beispielsweise die deutschen Behörden Anfang letzten Jahres neun dringend Tatverdächtige, die auf anonymen Webseiten im offenen Internet einen illegalen Marktplatz für Drogen, Waffen, Falschgeld, gefälschte Ausweise und Datenspionage betrieben (s. Kapitel 1, S. 23). Um ihre Spuren zu verwischen, hosteten sie ihre Server unter anderem in Bosnien-Herzegowina – und gingen vermutlich davon aus, damit für die Ermittler unerreichbar zu sein. Auch die Schweiz und ein halbes Dutzend andere Länder waren an diesem Fall beteiligt.

Diese intensive internationale Zusammenarbeit zahlte sich schliesslich aus. Laut einem Ermittler, der intensiv in diesen Fall involviert war, hatten die Betreiber der illegalen Shops die Rechnung ohne die engagierte Staatsanwältin in Bosnien-Herzegowina gemacht. Der Informationsaustausch zwischen Bosnien und Deutschland sowie den anderen beteiligten Ländern verlief reibungslos. Auf informeller Ebene wurde der Informationsaustausch vorbereitet, das offizielle Rechtshilfegesuch war letztlich nur noch ein formeller Akt.

Allerdings bestätigen mehrere Staatsanwälte, dass ohne die direkten Kontakte im Zielland ein Rechtshilfegesuch nach wie vor ein nahezu aussichtsloses, zumindest aber ein äusserst langfädiges Unterfangen sei. Mehrere Staatsanwälte kritisieren indirekt auch die Zusammenarbeit mit den USA. Die Schweiz solle immer alle Informationen in kürzester Zeit liefern, heisst es, während sich die USA ausgiebig Zeit lassen, wenn die Schweiz dann einmal etwas möchte. Konkret dauert ein an die USA gestelltes Rechtshilfegesuch zwischen drei und 18 Monaten. Das hat aber Folgen: Erhält die Schweiz beispielsweise nach sechs Monaten aus den USA Informationen und möchte diese hier auswerten, finden sich bei Schweizer Providern womöglich bereits keine Daten mehr. Entgegen der ursprünglichen Absicht des Parlaments, das den Zeitrahmen für die Speicherpflicht von Randdaten (Vorratsdatenspeicherung) ausbauen wollte, beträgt die Dauer auch auf der neuen Gesetzesbasis weiterhin lediglich sechs Monate.

Lehren aus dem Fall «Shiny Flakes»

Aus Ermittlersicht beruhigend, für Marktteilnehmer im Darknet eher beunruhigend zu wissen: Selbst die ausgeklügeltsten Vorkehrungen garantieren einem Händler keineswegs, irgendwann nicht doch von der Polizei erwischt zu werden. Da kann ein Verkäufer illegaler Waren noch lange seine Internetaktivität mit einem TOR-Browser anonymisieren, seine Angebote unter einem Pseudonym auf einem anonymen Marktplatz aufschalten und die Bezahlung der Produkte über Bitcoin abwickeln. Das grösste Risiko sind die Betrüger selber – im Internet genauso wie im normalen Leben. Mehrere international aufsehenerregende Fälle zeigen, wie effektiv es sein kann, wenn technische Ermittlungen im Darknet mit klassischen kriminalistischen Methoden im offenen Internet kombiniert werden.

Diese Fälle weisen auch darauf hin, dass sich Täter im Darknet nicht einfach in einem virtuellen Raum befinden. Ihre fragwürdigen Geschäftspraktiken spielen sich zwar in einem versteckten Teil des Internets ab, gewissermassen virtuell. Aber sie selber leben in einer realen Welt. In einer Welt, in der ihnen Fehler unterlaufen und Zufälle dazu führen, dass Behörden Ermittlungen aufnehmen. Ein solches Beispiel lieferte «Shiny Flakes», der bisher wohl grösste Fall von Drogen- und Medikamentenhandel im Darknet seit Auffliegen von Ross Ulbrichts Silk Road Ende 2013.

Im Juli 2015 hat die Staatsanwaltschaft Leipzig Anklage gegen den 20-jährigen Maximilian S. erhoben, der anfänglich im Darknet – später auch im offen zugänglichen Internet – unter dem Namen «Shiny Flakes» Drogen und Medikamente in riesigem Umfang vertrieben hatte. Zwischen Dezember 2013 und Februar 2015 – innerhalb von nur etwa 15 Monaten – hatte er fast eine Tonne verschiedener Drogen (914 Kilo) sowie Tausende Tabletten verschreibungspflichtiger Arzneimittel im Wert von rund 4 Millionen Euro verkauft, rechnete die Staatsanwaltschaft Leipzig vor. Der junge Leipziger wohnte noch bei der Mutter, war im Gymnasium gescheitert, brach später eine Kellnerlehre ab. Er hatte nur wenige Freunde. Von seinem Zimmer aus vertrieb er Crystal, Kokain, Amphetamin (Speed), Ecstasy-Pillen, LSD, Haschisch, Marihuana. Dazu kamen verschreibungspflichtige Medikamente von Alprazolam bis Zolpidem. Er spedierte die Ware an seine Käufer in Deutschland, Indonesien, Australien kurz: in die ganze Welt.

Der Versandhandel war alles andere als virtuell. Sämtliche Bestellungen musste er abwiegen, verschweissen und auf die Post bringen. Der *Spiegel* berichtete später, in seinem Zimmer habe es beim Zugriff der Polizei ausgesehen wie in einer Asservatenkammer eines rührigen Drogendezernats. Dazu kam eine Unmenge Utensilien, die es zum Betrieb eines Versandhauses braucht: Tausende Luftpolstertaschen, ein Vakuumverpackungsgerät, Feinwaagen und einen Magnetkartenleser.

Anfänglich hat «Shiny Flakes» seine Waren nur im Darknet angeboten. Später war er sich seiner Sache so sicher, dass er auch im normalen Internet einen Onlineshop aufzog. «Seine Shops liess er im Königreich

Tonga und auf den australischen Kokosinseln registrieren, wo Behörden nicht ohne Weiteres mit deutschen Staatsanwaltschaften zusammenarbeiten», schrieb der *Spiegel*. Letztlich waren es aber nicht High-Tech-Methoden der IT-Forensik, die den jugendlichen Drogen- und Medikamentenversandhändler zu Fall brachten, sondern klassische Ermittlerarbeit.

Schon Anfang 2014, also kurz nach dem Start seines Versandhauses, fielen der Leipziger Polizei falsch frankierte Briefe und Pakete auf – alle mit fiktiven Absenderadressen. Die Polizei ging den auffälligen Paketen nach und verfolgte die Sendungsnummern der Pakete. Sie fanden schliesslich eine E-Mail-Adresse, mit der sich ein Unbekannter zum Onlinefrankieren angemeldet hatte. Schliesslich stiessen die Beamten auf die Packstation 145 in der Leipziger Dantestrasse, die der Verdächtige bevorzugt nutzte. Ab diesem Zeitpunkt wurde die Poststelle per Video überwacht. Bald war klar, dass jeden Donnerstag ein Kurier aus Holland den Stoff lieferte.

Am 26. Februar 2015 schlug ein Spezialkommando der Ermittler zu. «Shiny Flakes» hatte zuvor gegenüber seinen Kunden den Profi gespielt und versprochen, absolute Sicherheit zu garantieren. Er versicherte quasi im Sinn von Allgemeinen Geschäftsbedingungen, die Personendaten würden zwei Mal täglich gelöscht. Doch tatsächlich war die mütterliche Wohnung, vor allem aber sein Zimmer für die Ermittler ein Fundus. Die Polizei stiess auf eine Datei mit dem Namen «wichtige logins.txt». Dieses File enthielt die Zugangsdaten für die Händlerkonten bei Agora und Evolution, für Onlinebanken und Bitcoin-Börsen. Es gab sogar eine Datei mit der Bestell- und Lieferliste, insgesamt 13 873 Datensätze.

Kunden in ganz Deutschland müssen seither mit einem Hausbesuch der Polizei rechnen. Maximilian S., der innerhalb von etwas mehr als einem Jahr vom eigenbrötlerischen Computerfreak zum Grossdealer aufgestiegen war, gestand schliesslich seine Darknet-Aktivitäten. Er wurde zu einer Jugendstrafe von sieben Jahren verurteilt. Dass er aufgeflogen ist, muss er sich selber zuschreiben. «Er wollte im Internet als Drogenhändler der Grösste und Beste sein», sagte Staatsanwalt André Kuhnert vor Gericht. Mit hoher Professionalität und erheblicher krimineller Energie habe er die Drogenbörse betrieben – basierend auf einem ausgeklügelten System mit Verschlüsselungen, anonymen Mailadressen und ausländischen Servern. Die Bestellungen wurden über eine SSL-verschlüsselte Webseite abgewickelt, bezahlt wurde in Bitcoin. Aus technischer Sicht gesehen wäre die Polizei ihm wohl kaum auf die Spur gekommen, sagte ein Ermittler vor Gericht. Doch «Shiny Flakes» schlampte im normalen Leben, bei der Frankierung – und machte sich damit bei der Post verdächtig.

Ohne Kooperation kein Erfolg

Trotz weitgehender Anonymität, die die Marktplätze im Darknet gewährleisten, stehen die Ermittler Drogenhändlern, Betrügern und Cyberkriminellen nicht einfach hilflos gegenüber. Strafverfolger unterschiedlicher Ebenen und aus verschiedenen Ländern sind sich einig: Das Erfolgsrezept heisst internationale Kooperation. Ein Cyberspezialist von Fedpol sagt: «Die internationale Dimension hat sich enorm verändert. Sowohl aufseiten der Täter als auch vonseiten der Strafverfolgungsbehörden her. Heute sind wir sowohl mit Europol als auch mit Interpol sehr gut vernetzt.» Stephan Walder, leitender Staatsanwalt des Zürcher Kompetenzzentrums Cybercrime betont: «Die internationale Vernetzung ist das A und O.»

Ein Verfechter solcher Zusammenarbeit ist auch Carsten Meywirth, bis Mitte 2016 Leiter der Gruppe Cybercrime (SO-4) beim Bundeskriminalamt in Wiesbaden (BKA).

Vorreiter in Sachen internationaler Kooperation war bisher laut verschiedenen Sachverständigen Europol. Deren Spezialeinheit European Cybercrime Center (EC3) lancierte im Herbst 2014 die sogenannte Joint

Cybercrime Action Taskforce (J-CAT). Hier tauschen sich Spezialisten aus Frankreich, Deutschland, Italien, Österreich, Niederlanden, Spanien und Grossbritannien aus. Dazu kommen jeweils Abgesandte aus Australien, Kanada, Kolumbien und den USA. Aus den USA sind sowohl Vertreter der Bundespolizei FBI als auch des Geheimdienstes CIA dabei. Die Schweiz ist über drei Polizeiattachées von Fedpol bei Europol auch im J-CAT vertreten.

Das Ziel des informellen, aber doch strukturierten Kreises ist klar: Europol will mit dieser Taskforce länderübergreifende Aktionen initiieren, wichtige Fälle priorisieren und Schlüsseldelikte definieren und deren Ziele identifizieren. Im Zentrum stehen bei der Cybercrime-Taskforce J-CAT die «High-Tech Crimes» (Malware, Botnets und Eindringen in Computersysteme), aber auch Delikte, die solche Verbrechen möglich machen. Etwa die Vermietung von Infrastruktur für Computer- und Hackerangriffe, Geldwäsche (auch mit Kryptowährungen), die klassischen Onlinebetrügereien oder der Handel mit Kinderpornografie. Die Schweiz kooperiert mit anderen Ländern primär im Bereich Pädokriminalität und des Drogenhandels.

Europols J-CAT schreibt sich seit seiner Gründung eine ganze Reihe von Erfolgen zu. Allein 2015 sei die internationale Taskforce in acht erfolgreiche Operationen involviert gewesen. Darunter waren die vielbeachteten Aktionen Triangle, Bugbyte, Blunonnet, R2D2/B58 (auch bekannt als Operation Dorkbot) sowie die Präventionskampagne Blackfin. Neben dieser Taskforce lancierte Europol auch Joint Investigation Teams (JIT). Hier tauschen sich in aktuellen Fällen ad hoc zusammengesetzte Teams aus unterschiedlichen Ländern aus – unter anderem dabei sind jeweils auch Vertreter aus der Schweiz. Die zuständigen Ermittler werden jeweils von ihren Ländern mit klar umrissenen Mandaten für diesen internationalen Informationsaustausch legitimiert und können fallweise Informationen zur Verfügung stellen, die sonst über ein umständliches und langwieriges Rechtshilfeverfahren eingeholt werden müssten.

In den letzten zwei Jahren hat auch die internationale kriminalpolizeiliche Organisation Interpol grosse Anstrengungen unternommen. Im Kampf gegen Cyberkriminelle hat sie neue Strukturen geschaffen, um effektive Arbeit zu leisten. In Singapur betreibt Interpol inzwischen ein High-Tech-Zentrum mit einem Labor, in dem die Ermittler anonyme Marktplätze testen und vor allem Kryptowährungen analysieren sowie deren Finanzströme simulieren können.

Neue Dimension der Zusammenarbeit

Zur gleichen Zeit hat sich ausgehend von den USA so etwas wie eine «Weltpolizei» gebildet. Das Gremium nennt sich «Five Eyes Law Enforcement Group» (FELEG) und ist weit mehr als nur ein informelles Austauschgremium. Hier arbeiten Ermittlungsbehörden der USA, Grossbritanniens, Neuseelands, Kanadas und Australiens zusammen. Klares Ziel ist der Kampf gegen die transnationale Kriminalität. Strukturiert ist FELEG in verschiedene Arbeitsgruppen, eine davon nennt sich «Cyber Crime Working Group». Dieses Team hat sich zum Ziel gesetzt, die Hintermänner, die auf den anonymen Marktplätzen eine Schlüsselstellung einnehmen, zu identifizieren und sie aus dem Verkehr zu ziehen.

Die internationale Zusammenarbeit ist komplex. Bereits innerhalb der USA ist die Koordination der unterschiedlichen Ermittlungsbehörden anspruchsvoll. Aktiv sind hier etwa die Einwanderungsbehörde ICE, die Gruppe für die innere Sicherheit Homeland Security Investigations (HSI), die US Customs and Border Protection (CBP), der US Postal Inspection Service (USPIS), die Bundespolizei FBI, die Drug Enforcement Administration (DEA) und der Secret Service (USSS), die Internal Revenue Service, Criminal Investigation Division (IRS-CI) sowie das Bureau of Alcohol, Tobacco, Firearms and Explosives (ATF).

So aufwendig die Kooperation der unterschiedlichen Behörden ist, sie trägt erste Früchte. Ende Oktober 2016 traten die verschiedenen amerikanischen Behörden in der Aktion «Hyperion» gemeinsam mit Experten der internationalen FELEG auf und kooperierten gleichzeitig mit Europols Spezialtruppe EC3. Zwar fiel das Resultat der Aktion verhältnismässig bescheiden aus. Aus dem Verkehr gezogen wurden aber immerhin über 150 Personen. Doch offensichtlich handelte es sich dabei lediglich um Personen, die im Darknet mit illegalen Waren handelten. Jene Hintermänner, die die Plattformen betreiben und die Deals überhaupt ermöglichen, wurden allerdings nicht geschnappt. Trotzdem war die Operation «Hyperion» ein Zeichen an die Cyberkriminellen: Nehmt euch in Acht, die staatlichen Behörden haben aufgerüstet. Ein hochrangiger deutscher Ermittler sagt: «Jede internationale Operation verunsichert die Szene.»

Hoffnungen machen sich die Behörden auch von neuen, technisch geleiteten Ermittlungsmöglichkeiten. Neben klassischen Methoden (z. B. verdeckten Ermittlern) wenden Spezialeinheiten inzwischen auch informationsbasierte Techniken an, um bei schweren Straftaten den potenziellen Tätern auf die Schliche zu kommen. Beispielsweise erarbeitete in Grossbritannien die Cybersecurity Research Group (CyBSeG) der University of Bedfordshire ein neuartiges Angriffs- und Vorhersagemodell.

Dieses Monitoringmodell basiert auf der Verhaltensanalyse von Usern. Es wertet die Tätigkeiten einer Person aus, ausgehend von der Theorie, dass sich Täter in der Regel primär zugunsten ihrer eigenen Interessen verhalten. Mit diesem Modell sollen deshalb das Verhalten eines Täters in Bezug auf unerlaubte finanzielle Gewinne, Terrorismus, Verbreitung von extremistischen Ansichten, extreme Formen von Rassismus, Pornografie und anderen Bereichen geprüft und die Radikalisierungstendenzen erkannt werden. Daraus ergibt sich ein Modell, das geeignet scheint, auch Darknet-User gezielt zu verfolgen, wenn sie in schwerwiegende Gesetzesverstösse involviert sind oder sein könnten.

Fachleute attestieren diesem datenbasierten Monitoringmodell das Potenzial, Ermittler auf Aktivitäten von Nutzern hinzuweisen, die womöglich mit schweren Straftaten in Verbindung stehen könnten.

Taktik der Ermittler: Nadelstiche

In der Schweiz bleibt zuständigen Behörden im Kampf gegen anonyme Marktplätze im Darknet keine grosse Wahl: Nur schon aus Kapazitätsgründen beschränken sie sich auf Einzelaktionen im Bereich des illegalen Handels mit pharmazeutischen Produkten. Wichtigste Aktivität ist die jährliche Aktion «Pangea», bei der am Zoll während einer Woche verdächtige Sendungen aussortiert, geöffnet und je nach Inhalt an die Heilmittel-Aufsichtsbehörde Swissmedic oder an Antidoping Schweiz zur straf- beziehungsweise verwaltungsrechtlichen Bearbeitung weitergegeben werden. Diese bereits vor neun Jahren initiierte Aktionswoche erfolgt zwar in einem international organisierten Rahmen (s. Kapitel 9, S. 129). Doch können Swissmedic und Antidoping Schweiz die Aktion als wichtigen ermittlungstaktischen Schwerpunkt in der Schweiz nutzen.

Noch wichtiger aber ist: Die Aktion sorgt immer wieder für Schlagzeilen, und die Bilder von Ermittlern, die am Zoll Pakete aufmachen, sensibilisieren Konsumenten offensichtlich. So nutzen Swissmedic und Antidoping Schweiz «Pangea» wie eine Präventionskampagne. Der Schweiz bleibt ohnehin nur die Taktik der Nadelstiche, wie ein Ermittler einer Bundesstelle sagt: «Wenn wir jene erwischen, die den Respekt geniessen, also beispielsweise Grossunternehmen wie Silk Road mit Millionenumsätzen, dann haben andere Angst. Angst führt dazu, dass man Dinge weniger gerne tut, dass man neue Wege sucht. Dass man beginnt, sich fehlerhaft zu verhalten.»

Allerdings sind die effektiven Erfolge im Kampf gegen illegale Marktplätze im Darknet zweifelhaft – nicht nur in der Schweiz. Zwar spricht es sich in der Szene rasch herum, wenn ein bekannter Händler von den Ermittlern aus dem Verkehr gezogen wird. So machte die Verhaftung von «White Dragon» in Deutschland schnell die Runde. Er war einer von vier Drogendealern, die das deutsche Kompetenzzentrum Cyberkriminalität gemeinsam mit dem deutschen Zoll Mitte 2016 verhaftet hatte. Auch wenn sich «White Dragon» auf den Marktplätzen im Darknet einen Namen machte, so ist der Erfolg der deutschen Behörden doch zu relativieren. Neben elf Kilo Amphetamin war die Menge der sichergestellten Drogen bei der Aktion bescheiden: ein gutes halbes Kilo Marihuana, 250 Gramm Heroin, 175 Gramm MDMA und 150 Gramm Kokain.

Besonders bitter aus Sicht der Ermittler: Jeder Shutdown eines illegalen Marktplatzes verleiht den verbleibenden Plattformen zusätzlichen Schub. AlphaBay, heute klare Nummer eins, war Anfang 2017 mehr als zehn Mal so gross wie vor wenigen Jahren Silk Road 2.0, damals Leader unter den Marktplätzen. Ehrfürchtig wurde Silk Road 2.0 von Ermittlern einst als «grösster Schwarzmarkt» bezeichnet. Anders gesagt, die immensen internationalen Bemühungen der Ermittlungsbehörden haben womöglich im Kampf gegen den Drogenhandel und den Handel mit gefälschten Produkten, gegen Hackersoftware, Malware und andere fragwürdige Dienstleistungen praktisch keine Folgen. Die Nachfrage ist ungebrochen, und nach jeder Grossaktion entstehen neue Marktplätze. Dort ist der Nachschub für die weltweite ungebrochene steigende Nachfrage sichergestellt.

Die Ermittlungsbehörden der Schweiz

Angesichts der komplexen internationalen Zusammenarbeit mag der Schweizer Föderalismus im Kampf gegen internationale Drogenhändler und Cyberkriminelle geradezu absurd wirken. Ermittler sprechen sich deshalb auch immer wieder für neue Formen der Zusammenarbeit aus.

Doch von institutionalisierter Zusammenarbeit quer durch die Schweiz kann keine Rede sein. Immerhin arbeitet die Schweizerische Koordinationsstelle zur Bekämpfung der Internetkriminalität (Kobik) mit verschiedenen Bereichen der Wirtschaft gezielt zusammen, wenn es um Aktionen gegen Produktpiraterie geht. Die wichtigsten Player in Bezug auf die Bekämpfung des illegalen Arzneimittelhandels und verbotener Dopingsubstanzen sind in der Schweiz:

- Bundesamt für Polizei; Koordinationsstelle für Internetkriminalität
- Swissmedic
- Eidgenössische Zollverwaltung
- Stiftung Antidoping Schweiz
- Kantonale Ermittlungsbehörden

Gegen aussen wird die Zusammenarbeit der verschiedenen Behörden jeweils in den höchsten Tönen gelobt. Die Medienmitteilungen nach erfolgten Aktionen suggerieren, man arbeite Hand in Hand. Doch bei den Ermittlungen gegen den illegalen Handel mit Arzneimitteln und unerlaubten Dopingsubstanzen sieht die Realität anders aus. Exponenten der verschiedenen staatlichen Stellen bewerten die Kooperation sehr unterschiedlich. Punktuell funktioniere die Zusammenarbeit zwar ausgezeichnet, im Allgemeinen sei sie aber stark verbesserungswürdig, sagen mehrere befragte Experten. Immer wieder geben Ermittler sogar freimütig zu, dass ihnen völlig unklar sei, wie die verschiedenen Behörden eigentlich zusammenarbeiten würden.

Immerhin soll bei «Pangea» die Kooperation zwischen Swissmedic und Kobik ganz ordentlich funktionieren. Doch Swissmedic bildet mit seiner eigenen – kleinen – Ermittlungsgruppe gewissermassen eine strafrechtliche Insel im schweizerischen Behördenwesen. Die Heilmittelbehörde arbeitet vorwiegend mit der Zollverwaltung zusammen, am Rand auch mit Antidoping Schweiz.

Nur einen dürftigen Austausch gibt es laut verschiedenen Quellen zwischen der Kobik und den kantonalen Polizeikorps. In den Kantonen greift man offenbar vor allem dann auf die vom Bundesamt für Polizei geführten Spezialisten zurück, wenn in der Peripherie «Not am Mann» ist, klagt man beim Bund. Ansonsten machen die kantonalen Polizeikorps offensichtlich das, was sie immer wieder machen: ihre eigenen Gärtchen pflegen – und dabei betonen, dass die Ermittlungskompetenz im schweizerischen Förderalismus grundsätzlich bei den Kantonen liege. Das ist eine geradezu absurde Vorstellung, wenn es um das weltweite Phänomen von Cybercrime geht – als würden Hackerangriffe auf Unternehmen vor Kantonsgrenzen Halt machen. In letzter Zeit ist vonseiten der Kantone zu hören, dass die Schweiz mit vier bis fünf regionalen Kompetenzzentren die Kräfte im Kampf gegen die Internetkriminalität womöglich effizienter einsetzen könnte.

Vonseiten der Kantone ist auch immer wieder das distanzierte Verhältnis zur Bundesanwaltschaft zu spüren. Mitarbeiter dieser Stelle machen ebenfalls keinen Hehl daraus, dass sie nicht viel von den kantonalen Polizeikorps halten. IT-Forensiker Guido Rudolphi, der immer wieder für kantonale Ermittler tätig ist, schlägt hingegen eine Lanze für die Mitarbeiter kantonaler Polizeieinheiten. «Der kleinste Landpolizist kann sich einarbeiten, wenn er will. Am Schluss haben diese Polizisten eine grosse Erfolgsquote. Ich habe mal zwei Polizisten erlebt, der eine etwas älter, der andere etwas jünger. Beide waren aus dem gleichen Korps und haben sich selber weitergebildet, aus eigenem Antrieb. Am Schluss waren sie absolute Experten – und das in einem ganz kleinen Korps.»

Weit weg vom Fokus der Ermittler

Wer von der Schweiz aus auf anonymen Marktplätzen des Darknets mit Drogen und Medikamenten handelt, kann sich trotz dieser Bemühungen entspannen. Verkäufer wie auch Käufer stehen abseits des Fokus der Ermittler. Die Marktplätze des Darknets sind trotz ihrer eindrücklichen Dimensionen und der Bedeutung für den Handel mit Schadprogrammen in der nationalen Strategie zum Schutz der Schweiz vor Cyberrisiken (NCS) bis heute kein Thema. Das ist nicht weiter verwunderlich. So geht diese Strategie auf das Jahr 2012 zurück, eine Zeit, als Ross Ulbricht erst gerade seine Plattform Silk Road aufsetzte und den verbotenen Onlinehandel mit Drogen, Waffen, gefälschten Gütern und fragwürdigen IT-Dienstleistungen revolutionierte. Seit der Lancierung der Nationalen Strategie vor Cyber-Risiken liefert das Informatiksteuerungsorgan des Bundes jedes Jahr einen Rechenschaftsbericht ab. Die Erkenntnis ist darin zwar wohlklingend formuliert, in der Sache aber bitter:

«Im Jahr 2014 wurden wieder Vorfälle und Attacken mit hochentwickelten Mitteln bekannt, die Staaten zugeordnet werden. Auch die ausgeklügelten Fähigkeiten der Cyberkriminellen mussten zur Kenntnis genommen werden. Zudem spielten hochverbreitete Lücken eine wichtige Rolle. Demzufolge wurde der Welt neben den Chancen der fortschreitenden Digitalisierung noch mehr bewusst, wie verletzlich das Internet und damit die eigenen Daten, die Privatsphäre und das Vertrauen in die Internettechnologie sind. Um dem gegenüberzutreten und den Schutz vor Cyber-Risiken sowie die Anforderungen an eine vertrauenswürdige Infrastruktur zu stärken, geht die Schweiz konsequent ihren Weg: Die Umsetzung der ‹Nationalen Strategie der Schweiz vor Cyber-Risiken (NCS)› wurde deshalb weiter vorangetrieben.»

Im Jahresbericht von 2015 finden sich ähnlich hilflose Worte. So schreibt Peter Fischer, Delegierter für die Informatiksteuerung des Bundes (ISB), in seinem Vorwort:

«Spionageangriffe, neue Arten von Malware, Datenabflüsse und Erpressungen mit DDoS-Angriffen machten deutlich, wie verletzlich der digitale Motor der Wirtschaft und Gesellschaft ist.»

Was nun die Schweiz konkret gegen Datenklau und illegale Marktplätze unternehmen will, ist unklar. Dazu heisst es im Jahresbericht:

«Angesichts solcher Vorkommnisse stellt sich natürlich die Frage, ob wir in der Schweiz genug unternehmen, um uns vor Cyber-Risiken zu schützen. Eine einfache Antwort darauf gibt es nicht. Es liegt in der Natur der sich schnell verändernden Cyber-Risiken, dass wir stets mit neuen Szenarien konfrontiert sind und unsere Schutzmassnahmen laufend überprüfen und anpassen müssen. Wir müssen auch mehr als zuvor die nationale und internationale Kooperation stärken.»

Die riesigen anonymen Märkte im Darknet haben längst den globalen Handel mit illegalen Gütern und Dienstleistungen revolutioniert. Doch im jährlichen Rechenschaftsbericht des Steuerungsausschusses zur Umsetzung der Nationalen Strategie vor Cyber-Risiken wird das Darknet nicht einmal erwähnt. Die Rede ist hingegen immer wieder von der nötigen Kooperation innerhalb der Schweiz und der Zusammenarbeit mit ausländischen Partnern. Die Ergebnisse dieser wichtigsten Koordinationsstelle der Schweiz im Bereich Cybercrime sind ernüchternd banal: Es heisst, die Schweiz habe international «vertrauensbildende Massnahmen» aufbauen können, was schliesslich zu Abkommen über einen vertieften Informationsaustausch mit neuralgischen Ländern führte. Entschlossene Schritte im Umgang mit Cybercrime-Risiken tönen anders. Sind die riesigen Schwarzmärkte aus Sicht der Verantwortlichen für die Schweiz kein Risiko oder sind sich diese Behördenstellen der Bedeutung nicht bewusst?

Die 2012 vom Bundesrat verabschiedete Nationale Strategie zum Schutz vor Cyber-Risiken kann sogar eine gewisse Widersprüchlichkeit nicht verbergen: Unter den aufgelisteten Massnahmen ist die Bekämpfung der Internetkriminalität als wichtiger Faktor zum Schutz der kritischen Infrastrukturen in der Schweiz definiert. Gleichzeitig steht nicht die effektive Bekämpfung der Kriminalität im strafrechtlichen Sinn im Vordergrund, sondern der Schutz der Informations- und Kommunikationsstrukturen der Schweiz. Sprich: Hackerangriffe müssen deshalb abgewehrt werden, damit das Land ganz grundsätzlich funktioniert – aus staatlicher und aus wirtschaftlicher Sicht. Die Umsetzung dieser Strategie liegt bei der dazu kreierten Koordinationsstelle, die wiederum bei der Melde- und Analysestelle Informationssicherung (Melani) im Informatiksteuerungsorgan des Bundes angesiedelt ist.

Doch diese Koordinationsstelle selber übernimmt nur eine Beobachterrolle, gemäss ihrem Namen koordiniert sie lediglich diese Strategie und nicht die effektiven Aktionen. Die einzelnen Massnahmen weist sie verschiedenen Bundesämtern zu. Ob sich die Schweiz mit dieser Organisationskaskade wirksam vor Hackerangriffen schützen kann, ist fraglich. Ebenso offen ist, welche Behörde nun tatsächlich die Internetkriminalität bekämpft, so wie es die bundesrätliche Strategie eigentlich zum Ziel hätte.

Über die behördlichen Aktivitäten schütteln Händler wie «Edelweiss» nur den Kopf. Das Einzige, was ihn beunruhigt, sind Schlagzeilen wie «Schlag gegen Drogendealer im Internet». Als Erstes schaut er, ob die in Zeitungsmeldungen erwähnten Pseudonyme von verhafteten Akteuren der Darknet-Plattformen auch unter seinen Kunden sind. Er will wissen, wie nahe «der Einschlag» ist. Manchmal wird «Edelweiss» nachdenklich und meint: «Es würde mich echt Wunder nehmen, was bei mir ans Tageslicht käme. Geld findet die Polizei bei mir keines. Die 500 Gramm Marihuana, die bei mir herumliegen, könnte man schon fast als Eigengebrauch durchgehen lassen. Fragen aufwerfen könnten vielleicht die 20 000 Druckverschlussbeutel sowie die Vakuumsäcke, die kiloweise bei mir herumstehen. Oder das Vakuumiergerät, die fünf Waagen, die Mikroskope, die Unmengen an Kuverts und Briefmarken.» Auf seinem Computer würde die Polizei keine Datenspuren zu seinen Aktivitäten im Darknet finden. Da hat er vorgesorgt. Also macht «Edelweiss» weiter. Jetzt, wo das Geschäft gerade so schön angelaufen ist. Er fühlt sich sicher.

Anhang

Abkürzungen

BKD	Briefkastendrop; anonymisierter Briefkasten für den Erhalt von Postsendungen (siehe auch Hausdrop)
BTC	Bitcoin
DDoS	Distributed Denail of Service; eine Webseite wird mit Anfragen überflutet, sodass sie überlastet zusammenbricht. Der Server wird so lahmgelegt
DW	Darkweb, Darknet
DXM	Dissoziativum, psychotrope Substanz
GBL	Dissoziativum, psychotrope Substanz
GHB	Dissoziativum, psychotrope Substanz
FE	Finalize early; also zuerst bezahlen, dann erfolgt Lieferung
HD	Hausdrop; Hausadresse, falls kein Briefkasten zur Verfügung steht
ICQ	«I seek you», Chatprogramm
MXE	Dissoziativum, psychotrope Substanz
P2P	Computer-Computer-Verbindung; jeder Teilnehmer kann einen Dienst nutzen und selber anbieten
PCP	Dissoziativum, psychotrope Substanz
PGP	Pretty Good Privacy; Standardverschlüsselung für E-Mail
QR-Code	Auch Barcode genannt; besteht aus einer quadratischen Matrix aus schwarzen und weissen Punkten, die die codierten Daten binär darstellen
THC	Kurzform für Tetrahydrocannabinol (Cannabis)
TOR	The Onion Router; anonymer Internetbrowser
URL	Uniform Resource Locator, Bezeichnungsstandard für Netzwerkressourcen
XTC	Sammelbezeichnung für Phenylethylaminen, also Ecstasy

Begriffe

Benzos	Benzodiazepine; angstlösende, sedierende, hypnotisch wirkende Medikamente, auch Tranquilizer (z. B. Valium)
Bitmessage	Kommunikationsprogramm im TOR-Netzwerk; ähnlich eines Forums (Board genannt); ohne Direktmessage
BitTorrent	Filesharing-Protokoll; eignet sich für die Verteilung grosser Datenmengen, baut für jede Datei ein seperates Verteilnetz auf; Datenweitergabe von Nutzer zu Nutzer
Botnet	automatisiertes Programmnetz, auf verschiedenen Computern installiert, von dort infizieren sie automatisch weitere Computer
Bust	Synonym für Polizeiaktion, Beschlagnahmung, Verhaftung, Hausdurchsuchung, Strafuntersuchung
Crime-as-a-Service	Illegale IT-Dienstleistungen, auf konkrete Kundenbedürfnisse zugeschnitten (Phising, Hacking, Spam usw.)
Defacement	Hacker übernehmen die Kontrolle einer Webseite und verunstalten sie, verändern Inhalte
Dissociatives	Dissoziativum, psychotrope Substanz; z. B. Ketamin, DXM, MXE, Lachgas, PCP; erzeugt Rauschzustand, teils mit Entkoppelung (mentaler Prozese vom Bewusstsein), Unwirklichkeit, mehrere Existenzebenen (Hören von Gefühlen, Visualisierung gehörter Musik)
Drive-by-Download	Schadprogramm, das sich alleine durch Aufrufen einer Webseite auf dem Computer eines Nutzers herunterlädt
Drop	Briefkastendrop (anonymisierter Briefkasten für den Erhalt von Postsendungen); Hausdrop (Hausadresse, falls kein Briefkasten zur Verfügung steht)
Escrow	Zuerst wird die Ware geliefert, dann bezahlt (meist über eine Treuhandstelle). Geringeres Risiko, schlechte Ware zu erhalten
Fedpol	Bundesamt für Polizei
Grams	Suchmaschine im Darknet
Homeland Security Investigations (HSI)	US-Amerikanischer Dienst für Innere Sicherheit
Helix	Dienstleistung von Grams zur Anonymisierung von Bitcoin
I2P	Anonymes Netzwerk im Darknet, mit normalen Browsern nicht erreichbar

198

Jabber/XMPP	Kommunikationsprogramm im TOR-Netzwerk; ähnlich Chatprogramm ICQ
Kobik	Schweizerische Koordinationsstelle zur Bekämpfung der Internetkriminalität
Laundry	Dienst zur Anonymisierung von Bitcoin
Legal Highs	Auch herbal highs genannt; als Kräutermischungen und Badesalze angebotene Drogen, psychoaktive Substanzen
Malware	Oberbegriff für Schadsoftware
Melani	Melde- und Analysestelle Informationssicherheit
Nodes	Am Bitcoin-Netzwerk beteiligter Computer
Not Evil	Suchmaschine im Darknet
OSINT	Open Source Intelligence, offen zugängliche Quellen
Peer-2-Peer	Computer-Computer-Verbindung; jeder Teilnehmer kann einen Dienst nutzen und selber anbieten
Prescription	Verschreibungspflichtige Medikamente; gemeint sind u. a. Schmerzmedikamente wie Hydrocodone (Opioid, mit Codein strukturverwandt, Morphin-Derivate)
Ransomware	Erpressungssoftware, auch Sperrtrojaner oder Erpressungstrojaner genannt. Das Programm verschlüsselt die Daten eines Computers und fordert ein Lösegeld für den erneuten Zugriff des Nutzers auf seine Daten
Rippen	Verkäufer kassieren das Geld, ohne Ware zu liefern
Scam	Betrug, z. B. trotz Bezahlung keine Lieferung der Waren
Sigaint	E-Mail-Dienst, nur über TOR erreichbar
Spyware	Programme zur Aufzeichnung des Nutzerverhaltens, z. B. Passworteingabe und Weitersendung
Stimulants	Z. B. Methylphenidate (Ritalin)
Torch	Suchmaschine im Darknet
Torchat	Kommunikationsprogramm im TOR-Netzwerk, ähnlich eines Chat-Programms, beide Partner müssen online sein
Underground Economy	Untergrundwirtschaft; Schattenwirtschaft; verborgene, anonymisierte Handelsplattformen im normalen Internet
Vendor	Verkäufer/Händler auf anonymen Marktplätzen
Wallet	Elektronisches Portemonnaie auf Computer oder Smartphone
Weed	Getrocknete Cannabisblüten

Anmerkungen

1 Robots ist eine Datei, die eine bestimmte Zahl von URLs einer Webseite vom Crawlen ausschliesst. Unter dem Begriff Crawlen versteht man den Prozess, durch den neue und aktualisierte Internetseiten von Google erfasst und dem Google-Index hinzugefügt werden.
2 Gemeint ist die gezielte Kombination zwischen Suchbegriff und Operatoren wie [site:], [filetype:], [inurl] usw.
3 «Kriminalistik» 2016, Nr. 6.
4 Entwickler des TOR-Projects.
5 Ein Hashwert ist ein Wert fester Länge, der typischerweise als hexadezimale Zeichenkette codiert ist und aus beliebigen Eingabedaten erzeugt werden kann. Er wird durch einen Algorithmus berechnet, der eine grosse Eingabemenge auf eine kleinere Zielmenge abbildet. Durch einen Hashwert können keine Rückschlüsse auf den ursprünglichen Eingabewert errechnet werden.
6 https://bitnodes.21.co/ (9. Januar 2017).
7 Stand November 2016.
8 Hostettler O. (2016): «Eldorado Onionland: Der Handel mit illegalen Produkten und Dienstleistungen auf anonymen Marktplätzen des Darknet sowie deren Ausmass und Bedeutung für die Schweiz aus kriminalistischer Sicht.»
9 Stand 19. Februar 2017.
10 Captcha: Completely Automated Public Turing Test to tell Computers and Humans Apart (vollautomatischer öffentlicher Test zur Unterscheidung von Computern und Menschen); wird oft mit verzerrten Buchstaben dargestellt, die der Benutzer manuell eingeben muss.
11 Betrügerischer Anbieter, der Vorauszahlung kassiert und keine Absichten hat, Waren zu liefern.
12 Bundesgericht (2015). Urteil C_853/2014, 2C_934/2014.
13 Art. 22 Abs. 1 bzw. Abs. 4 Bundesgesetz über die Förderung von Sport und Bewegung.
14 OPSEC: Operational Security, Massnahmen zur Risikominimierung einer Entdeckung illegaler Tätigkeiten.
15 www.compendium.ch (13. 1. 2017).
16 Stand 19. Februar 2017.
17 Bei der Umrechnung ging das FBI von einem damaligen Bitcoin-Kurs von 126 Dollar aus. Allerdings ergibt sich aus der Berechnung aus den Ecstasyver-

käufen aufgrund der dokumentierten Menge eine Differenz, die nicht geklärt ist.

18 Der Betrag von 214 Millionen Dollar wurde während des Prozesses gegen Ross Ulbricht präsentiert. Im Urteil ist die Deliktsumme mit 183 961 921.00 Dollar beziffert.

19 «420» gilt als Slang-Ausdruck für Marihuana, und der 5. November ist Guy-Fawkes-Night; in Erinnerung an den Versuch britischer Katholiken, während der Parlamentseröffnung 1605 den protestantischen König zu töten. Die Guy-Fawkes-Masken wurden zum Symbol für diesen Typ der anonymen Person (Anonymous).

20 Stand 10. Oktober 2015, nach Anzahl Angeboten (https://www.deepdotweb. com/).

21 Stand 24. Februar 2017, nach Anzahl Angeboten (https://www.deepdotweb. com/).

22 Quelle: Swissmedic, Anzahl Sicherstellungen 2016.

23 «Edelweiss» ist ein Pseudonym, die tatsächliche Identität des Darknet-Händlers ist dem Autor nicht bekannt. Das Gespräch wurde über einen verschlüsselten Chatdienst über die Dauer von über einem Jahr geführt.

24 Oerting zit. in Bulanova-Hristova et. al. (2015).

Literaturverzeichnis und zitierte Quellen

Assange, J., Appelbaum, J., Müller-Maguhn, A., Zimmermann, J. (2014): *Cypher Punks. Unsere Freiheit und die Zukunft des Internets.* Campus, Frankfurt/New York.

Bartlett, J. (2014): *The Dark Net. Inside the Digital Underworld.* Random House, London

Bulanova-Hristova, G. et al. (in: «Kriminalistik», 2015). *Verbrechen 4.0 – im Griff der Organisierten Kriminalität?* C. F. Müller, Heidelberg.

Ciancaglini, V. et al. (2015): *Bellow the Surface. Exploring the Deep Web.* Trend Micro, Shibuya, Jpn.

Dworschak, M., Winter S. (in: «Der Spiegel», 2015). *Der Prinz des Darknet.* Der Spiegel, Hamburg.

Epiphaniou, G., French, T. & Maple C. (2014): *The Dark Web: Cyber-Security Intelligence Gathering Opportunities, Risks and Rewards.* University of Bedfordshire, Department of Computer Science and Technology, Luton, UK.

Felicio, P. (in: «Kriminalistik», 2016). *Wenn Geld spricht. Geldwäschebekämpfung durch Europol.* C. F. Müller, Heidelberg.

Gillespie, I. (in: «The Age», 2013). *Cyber cops probe the deep web.* The Age, Melbourne.

Hostettler, O. (2016): *Eldorado Onionland. Der Handel mit illegalen Produkten und Dienstleistungen auf anonymen Marktplätzen des Darknet sowie deren Ausmass und Bedeutung für die Schweiz aus kriminalistischer Sicht.* Hochschule Luzern HSLU, Luzern.

Kerscher, D. (2014): *Handbuch der digitalen Währungen. Bitcoin, Litcoin und 150 weitere Kryptowährungen im Überblick.* Kemacon, Dingolfing.

Martin, J. (2014): *Drugs On the Dark Net: How Cryptomarkets Are Transforming the Global Trade in Illicit Drugs.* Palgrave Macmillan, Basingstoke.

Ormsby, E. (2014): *Silk Road. The Shocking True Story of the World's Most Notorious Online Drug Market.* Macmillan, Sidney.

Shipley, T. G., Bowker A. (2014): *Investigation Internet Crimes. An Introduction to Solving Crimes in Cyberspace.* Elsevier, Waltham.

Soska, K. & Christin, N. (2015): *Measuring the Longitudinal Evolution of the Online Anonymous Marketplace Ecosystem.* Usenix Association, Washington.

Steadman, I. (in: «New Statesman», 2013, 12. Dezember; Ausgabe 6). *Trawling the dark web.* New Statesman, London.

Weiser, B. & Carvajal D. (in: «New York Times», 2014). *International Raids Target Sites Selling Contraband on the «Dark Web».* New York Times, New York.

Weiterführende Links

TOR Project, *TOR metrics portal.* Online (14.1.2017)
 https://www.torproject.org/
 https://metrics.torproject.org/userstats-relay-table.html
The Free Network (2015), *Free Network Project.* Online (14.1.2017)
 https://freenetproject.org/
I2P (2015), *Das Invisible Internet Projekt.* Online (14.1.2017)
 https://geti2p.net/de/
May, T. (1992): *The Crypto Anarchist Manifesto.* Online (14.1.2017)
 http://www.activism.net/cypherpunk/crypto-anarchy.html
Deep Dot Web, *List of Darknet Markets (TOR&I2P).* Online (14.1.2017)
 https://www.deepdotweb.com/2013/10/28/updated-llist-of-hidden-
 marketplaces-tor-i2p/
OpenBazaar, Online (14.1.2017)
 https://blog.openbazaar.org

Bildnachweis

Dank

Das vorliegende Buch hat seinen Ursprung in den Recherchen zu meiner Abschlussarbeit im Rahmen des an der Hochschule Luzern absolvierten Master-Lehrgangs MAS Economic Crime Investigation. Als Journalist benutze ich seit Jahren bei heiklen Recherchen TOR, um keine Spuren zu hinterlassen oder geschützt zu kommunizieren. Von den dubiosen Handelsplätzen wusste ich zwar, sie waren für mich aber kein Thema. Erst durch die vertiefte Analyse im Rahmen meiner Abschlussarbeit wurde mir klar, welches Ausmass diese Marktplätze inzwischen angenommen haben. Nicht zuletzt den motivierenden Worten von Tutor Rechtsanwalt Peter G. Isler, meinem Betreuer Dr. iur. Cornel Borbély sowie Studienleiter Dr. iur. Michael Alkalay und *Beobachter*-Chefredaktor Andres Büchi ist es zu verdanken, dass ich die Idee einer Buchpublikation überhaupt ernsthaft weiterverfolgte.

Ich danke auch Notar Roman Manser, der die von mir auf den Handelsplätzen bestellten Produkte nach der Lieferung auf die Vollständigkeit prüfte und sorgsam in seinem Tresor verwahrte. In der Schlussphase dieses Buches entscheidend unterstützt haben mich Informatiker Beat Grossenbacher sowie die Journalistenkolleginnen Sarah Jäggi, Christa Rutz und mein langjähriger *Beobachter*-Arbeitskollege Martin Vetterli. Sie haben mit ihrem schonungslosen Feedback ganz wesentlich dazu beigetragen, wichtige Details zu präzisieren und Passagen zu schärfen.

Bedanken möchte ich mich auch beim Cannabishändler «Edelweiss», der in Wirklichkeit einen Namen trägt, den ich nicht kenne und wohnt, wo ich es nicht ahne. Über ein Jahr stand ich in stetigem Kontakt mit ihm. Wir kommunizierten über einen verschlüsselten E-Mail-Dienst im

TOR-Netzwerk, später über einen verschlüsselten Chat. Er ermöglichte mir einen tiefen Einblick in die Welt eines Drogenhändlers im Darknet. Er teilte seine teils sehr persönlichen Erfahrungen mit mir, seine kommerziellen Erfolgserlebnisse, aber auch seine Ängste vor aggressiven Konkurrenten, folgenreichen Ernteausfällen oder möglichen strafrechtlichen Konsequenzen.

Dank gebührt ausserdem dem Team von NZZ Libro mit Verlagsleiter Urs Hofmann und Projektleiterin Laura Simon. Die wertvollen Hinweise der Lektorin Karin Schneuwly haben dem Buch den richtigen Schliff gegeben. Ausserdem bedanke ich mich bei den *Beobachter*-Grafikerinnen Anne Seeger und Andrea Klaiber für ihre visuelle Umsetzung meiner Gedanken zu TOR, Bitcoin, Deepweb und Darknet sowie dem Gestaltungsbüro TGG Hafen Senn Stieger, das den kreativen Umschlag gestaltete.

Ganz besonders danke ich meiner Familie für die Toleranz gegenüber meinen stundenlangen Rechercheexkursen im Darknet und dem stetigen guten Zureden in Phasen der Selbstzweifel während der Arbeit an diesem Buch.

Otto Hostettler

Der Autor

Otto Hostettler (*1967) ist seit 25 Jahren hauptberuflich im Journalismus tätig, seit 2007 arbeitet er als Redaktor/Reporter beim *Beobachter* und erhielt 2011 den Zürcher Journalistenpreis für Artikel über das Schicksal von Verding- und Heimkindern. 2016 schloss Otto Hostettler an der Hochschule Luzern einen MAS in Economic Crime Investigation ab. Er ist Mitgründer des Schweizer Recherchenetzwerks investigativ.ch sowie Co-Präsident der Rechercheplattform lobbywatch.ch. Zudem unterrichtet er Recherche beim Schweizer Radio und Fernsehen SRF.

So gelangt man ins Darknet

Der Provider erkennt den Standort und weiss, wohin der Benutzer surft.

sichtbar

anonym

1 **TOR – ohne Spuren im Netz**
Webseiten im Darknet («Hidden Services») tragen die Endung «.onion». Diese Seiten können nur mit dem TOR-Browser aufgerufen werden. TOR verschleiert die IP-Adresse, indem die Datenpakete mehrfach umhüllt und über drei Stationen weitergereicht werden. Den TOR-Browser kann man auch im normalen Internet benutzen, um seine Spuren zu verwischen.

2 **Digitales Geld**
Bitcoin ist eine Kryptowährung, die weder durch eine Regierung noch durch eine zentrale Organisation kontrolliert oder reguliert werden kann.